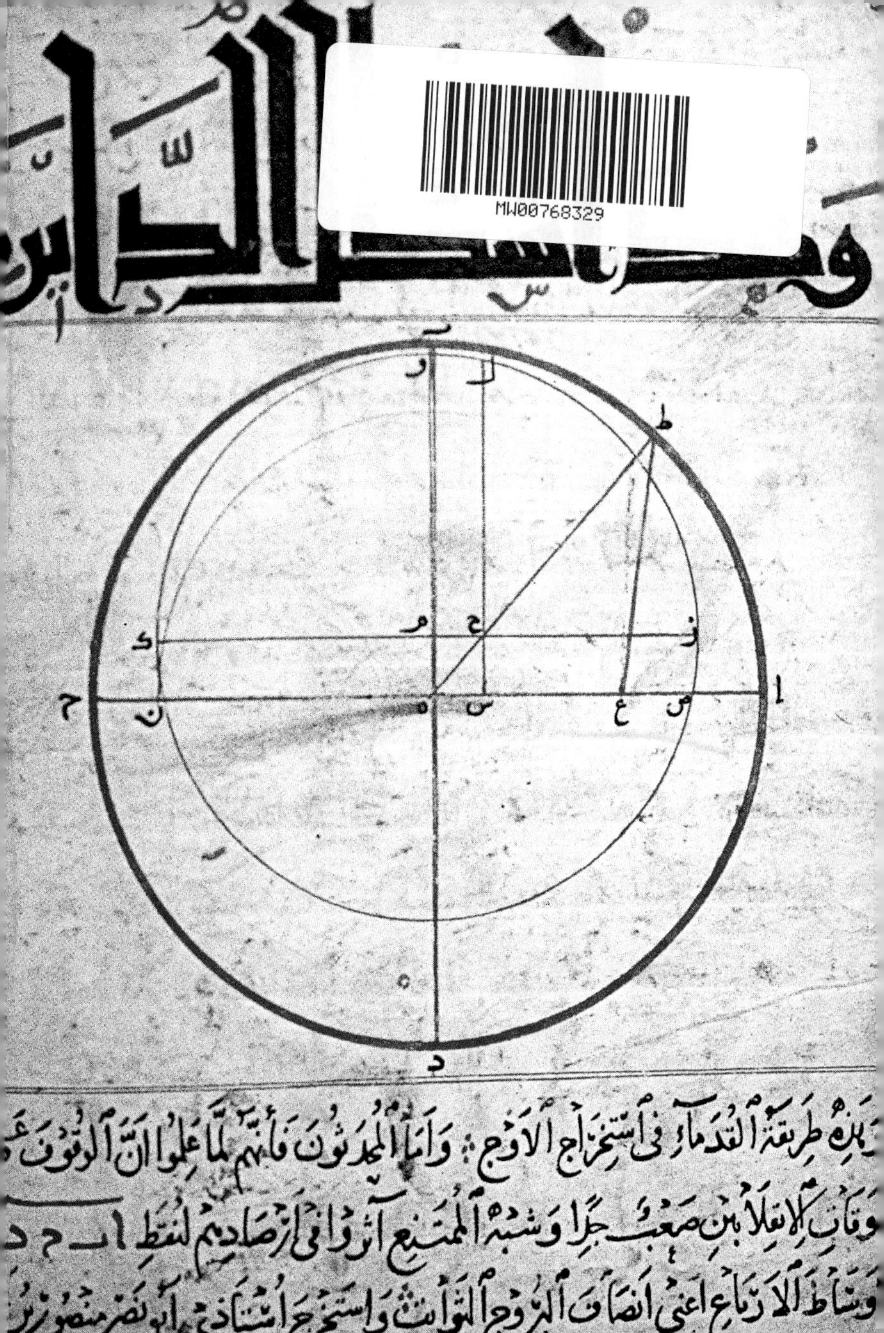

ين طريقة القدماء في استخراج الاوج . واما المحدثون فانهم لما علموا ان الوقوف ع

وقات الانتقال بين صعب جدا وشبه الممتنع آثروا في ارصادهم لنقط ا ب ج د

وسط الارباع اعني انصاف البروج الثوابت واستخراج استاذي ابو نصر منصور بن

دَ كل مثلث متساوي الاضلاع في دايرة قطرها منطق في الطول فان ضلعه منطق في القوة ويقوى على ثلاثة امثال مربع ضلع المسدس الواقع فيها مثاله دايره ابج قطرها وهو اد منطق في الطول وفيها مثلث متساوي الاضلاع وهو ابج فاقول ان ضلع المثلث وهو اج منطق في القوة وان مربعه ثلاثة امثال مربع جد الذي هو ضلع المسدس برهان ذلك ان اد مثلا جد فمربع اد اربعة امثال مربع جد لكن مربع اد كمربعي اج جد فمربعا اج جد اربعة امثال مربع جد فنسقط مربع جد المشترك فيبقى مربع اج ثلاثة امثال مربع جد فنسبة مربع اج الى مربع جد كنسبة ثلاثة الى واحد وليست كنسبة عدد مربع الى عدد مربع فخط اج ليس يشارك خط جد في الطول وجد منطق فخط اج اصم ومربع اج يشارك مربع جد لان نسبته

دایرة الکبیر المرغوبه * فی معرفت منازل القمر * الحمد لله الذی * نور قلوب العارفین * بمعرفت حکمت الفلکیه * الصلوة والسلام * علی رسوله * محمد المبعوث * شفیع الامة * وعلی آله واصحا

هل السنه وبعد * معلوم اوله که * اشبو دایره وکبیر المرغوبه نك * خانه سی اون اوچ خانه در * خانه ء اولده کواکب سبعه نك اسمن * وبادی سن * وآبی سن * وخاکی سن * وناری سن وکو

روجی بلرك * اوزرلرنده هر برجی ایده طلوع ایدن * یدی کوکبك اسمن * وعناصرین وکونلرین بلدرور * ایکنجی خانه ده اون ایکی روجی بلرك اسمن * وهر برجی ایلر قمر کون ایدوکین * حروف ابجد

بلدرور * وهر اون ایکی برجی آیلك * اول حرفلری که * آیام هفته حرفی اعتبار اولنور * اول حرفلرین بلدرور * اوچنجی خانه ده * اون ایکی روجی ایلرك * عددلرین حروف ابجد ایله بلدرور * دوردنجی خانه

لرین * براهین هندسه اوزره * قمر کون ایدوکی تقسیم اولنمشدر * بشنجی خانه ده * اون ایکی بروجك تحویل لرین که * روجی ایلرك قچنجی کونده تحویل ایتمشدر * وابتدا حرفلری که * آیام هفته حرف

بروجك قنقی حرف ایدوکین بلدرور * التنجی خانه ده * اون ایکی بروجك حروف ابجد حسابی اوزره * کونلرینك عددلرین بلدرور * وحساب فلکیات ده هر بر بروج * اوتوز کون عد اولنور *

سابی اولنمز * یدنجی خانه ده * اون ایکی برجلرك کونلرین بشر بشر * براهین هندسه اوزره * تقسیم اولنمشدر * سکزنجی خانه ده یکرمی سکز کواکبك اسماء * ملائکه اسملرین بلدرور * طقوزنجی

کبك اسمن * واوزرلرنده رقم هندی ایله عددین که * هر غره ده آیك اولندن اخرینه دکین * هر بر کونلرنده * اول شرطین دن که * تا آخر رشا یه دکین * طلوعین بلدرور * وهر غ

اوتوزی * محاق اعتبار اولنور که * محل رؤیت در * انده بو کواکب لر طلوع ایتمز * انلك ایچون متقدمین * کواکب عددین * یکرمی سکز عد ایتدیلر * اونجی خانه ده * یکرمی سکز کواکبك

نجی خانه ده عدد حروف ابجد عینه دکین * بر بر حرفلری اشارت اولنمشدر که * بو حرفلر یکرمی سکز اسماء الله حرفلرینك اوایل حرفلریدر * اون ایکنجی خانه ده یکرمی سکز اسماء الله تحریر

لله عونی السنه رقم ایله اشارت اولنمشدر * اون اوچنجی خانه ده * یکرمی سکز اسماء الله هك * بادی سن * آبی سن * خاکی سن * ناری سن بلدرور * وبعده * دایره ایچنده * دور ایدن حرکیه * لرویت الی

وبری شمس دور ایدر * وهر غره نك طلوعین * وغروبین * وکونلرینك عددلرین * وجرمین وقطرین * وظلمتین * وبدرین * وکسوفن وخسوفن بلدرور * وحکو اوزرنده کی دایره مقارنه وتسدیس وتربیع وتثلیث

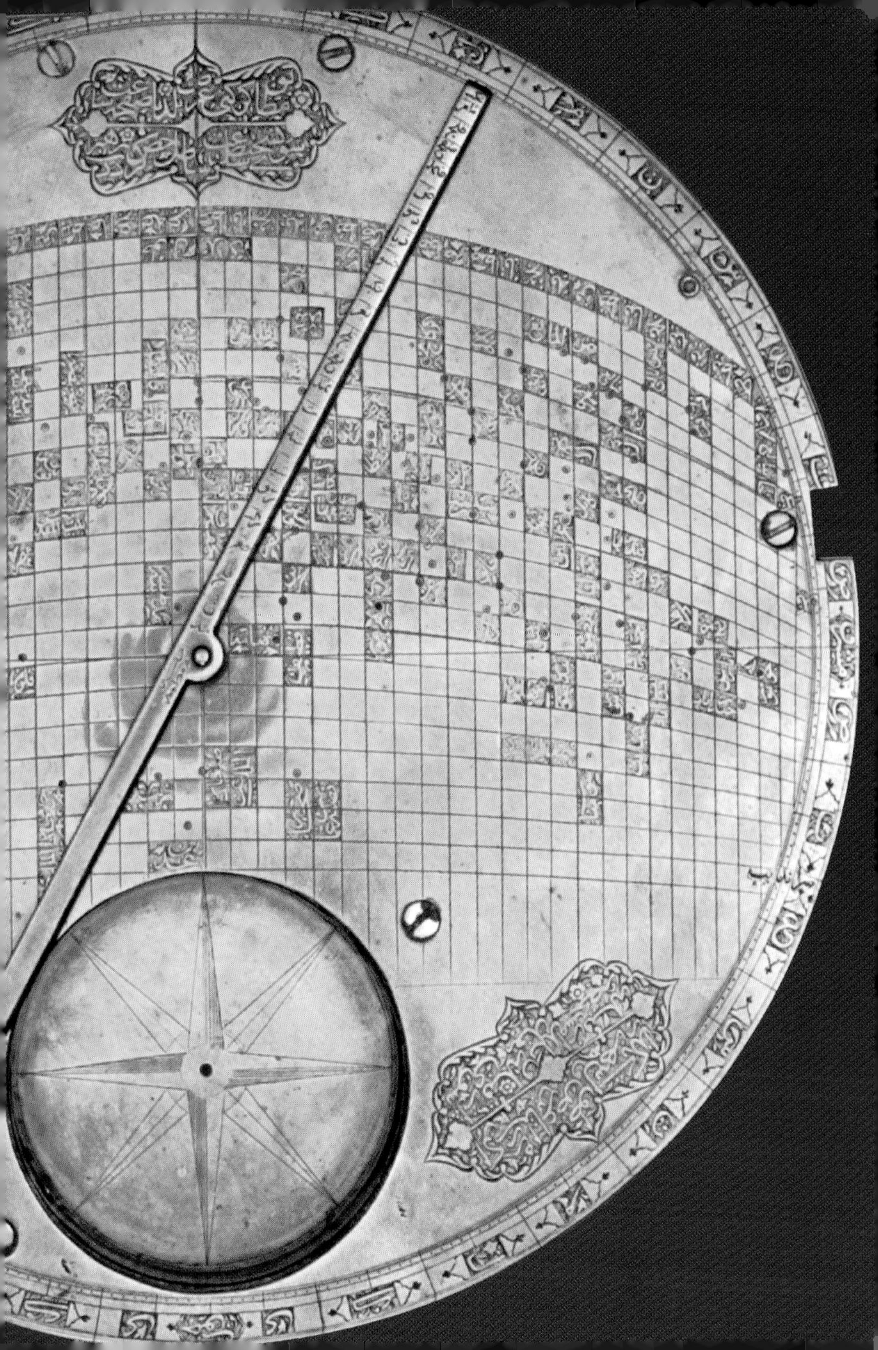

في التوفيق ومنه ضرب ما ين الخطين تحت شرط جنبتيه السطر من تجعل الخارج من ضرب ما في بيته وفي الاسوس باحد ما ين خارج جميع من ضرب اثنين في واحد منه تضعيفه عكس النوع الثاني من القسم الثالث وهو ضرب الاسوس القايم ملوضع ثبته به اثنين وثلاثين مثلا في اربعة وخمسين لكان وضع المضروب ... خارجه هكذا

6	8	وان شئت جعلت	1 2 8
	5	السطر الاعلى	5 8
	2	اثناء السطر القايم	2

فالخارج في الموضع الاول هو الحفوظ هو في الموضع المخرج ... متوضحة ثبت عدد في عدد فان اسر الخارج مجموع اسر المضروبين الا واحد وهو معنى البيت الا خيرا وتعرف في ليوت الشطرنج ومنه قايم يشكل على مقابل ما ضرب به عدد ما علام عد من خارج الازواجا وادمر الا منو سط نسبة وعملا هذا النوع الثالث من القسم الثالث وهو ضرب الاسوس القايم ويه يعمل الضرب بالاشكال الذ منه وصورته في المثال السابق كما ترى

4 6 5 1

ولا يعرف به المبدا اول المراتب وذ ان هاوه سطها اذا اهكفضع الموضع ومعنى قولنا وادم الاسوس نسبة وعملا ان منه الا سوسي نسبة هذا النوع الذي كالذي قبله والفينا في وضع خارج العمل حيث تفتضيه ... ومنه التضعيف ... اعداد كل واحد ... ففي ... تحت العالي ... واحد سطر اعلى النوع ... منه ... وتعكس ... تعدد ... اسوس ما تضعيف ما ضرب به خارج ضرب منه الى ما علاه فهما من اسفل هذا النوع الرابع من القسم الثالث وهو الموسوم بالتضعيف وهو خاص بانواع فيه شرطان احدهما ان تكون اعداد كل مرتبة من مراتب كل سطر منه متساوية وهو المراد بقولنا في تماثل اعداد كل اي كل سطر في نفسه والثاني ان تكون مراتب المضروبين متساوية في عدده اربعة واربعين واربع ماية في ثلاثة وثلاثين

SOMMAIRE

L'ÉPOPÉE DE LA SCIENCE ARABE

Danielle Jacquart

DÉCOUVERTES GALLIMARD
SCIENCES ET TECHNIQUES

وارسايل اخوان الصفا وهم ابو سليمن محمد بن مسعر البستي ويعرف بالمقدسي وابو

هرون الزنجاني وابو احمد النهرجوري والعوفي وزيد بن رفاعة والفاظ الكتاب للمقد

Après l'avoir longtemps restreinte à ce qu'en avait connu, au Moyen Âge, l'Europe occidentale, les historiens restituent désormais à la science arabe toute sa dimension. Entre le IXe et le XVe siècle, la civilisation islamique a donné naissance à un ensemble de savoirs scientifiques de haut niveau, illustrés par des acteurs les plus divers par leurs origines. L'adoption d'une langue commune, l'arabe, a assuré pendant ces sept siècles la continuité des recherches, d'un foyer de culture à un autre, au sein du vaste espace musulman.

CHAPITRE 1

DE BAGDAD À SAMARKAND

« La science, son goût est amer au début, mais à la fin, il est plus doux que le miel », rappelle cette faïence. Pour que l'étude mène à la sagesse, des auteurs anonymes (les « Frères de la Pureté »), vers le Xe siècle, unissent spiritualité et savoirs profanes dans leur encyclopédie (à gauche).

L'arabe, langue scientifique

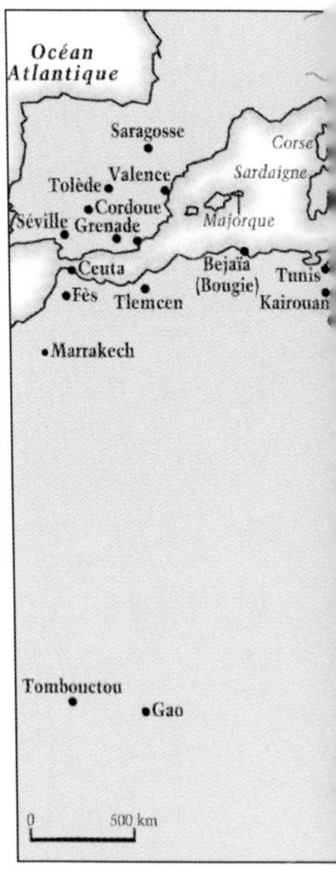

En 622, dix ans avant sa mort, Mahomet quitte La Mecque pour se rendre à Médine. Si ce départ (*al-hijra*, « l'Hégire ») marque le début d'une nouvelle ère, à la base du calendrier musulman, il revint aux disciples et successeurs du Prophète de bâtir un empire. Sous la conduite des califes, aux VIIe et VIIIe siècles, sont conquises depuis l'Arabie des régions imprégnées de riches civilisations ainsi que des voies commerciales allant de la Méditerranée à l'Extrême-Orient. Sont ainsi placées sous la loi musulmane : au nord et à l'est, la Syrie, l'Irak, l'Iran, et en Asie centrale, entre autres, les opulentes cités de Boukhara et de Samarkand ; vers l'ouest, l'Égypte, l'Afrique du Nord, la péninsule ibérique et pour un temps plus restreint (IXe-XIe siècle) la Sicile. Langue du Coran, l'arabe prend progressivement sa place. Le calife omeyyade 'Abd al-Mâlik (685-705) fait traduire les registres fiscaux jusque-là rédigés en pehlvi, en grec, en syriaque ou en copte et ordonne l'usage de l'arabe dans les textes administratifs. Mais ce n'est qu'à partir du IXe siècle, sous les Abbassides, que l'arabe s'impose comme langue de culture.

Parlé à l'origine par les Bédouins de la péninsule arabique avant de devenir le véhicule de la révélation coranique, l'arabe n'était pas d'emblée doté de toutes les possibilités d'une langue de culture, encore moins d'une langue scientifique. Il acquit cette capacité d'abord grâce au travail des grammairiens et des lexicographes : le premier ouvrage de grammaire arabe est dû à Sîbawayhi (mort vers 796), d'origine persane. Il fallut ensuite forger des vocabulaires techniques, en adjoignant aux anciens mots arabes des emprunts au grec, au syriaque ou au pehlvi et en créant des néologismes.

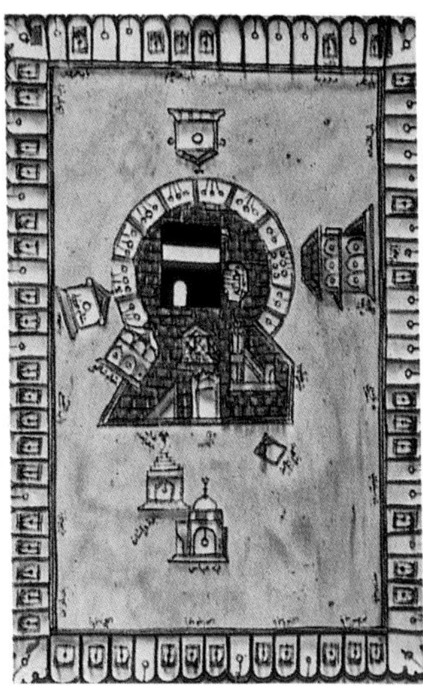

Au fil des siècles les limites extérieures du monde musulman se modifient. Une nouvelle expansion a lieu au

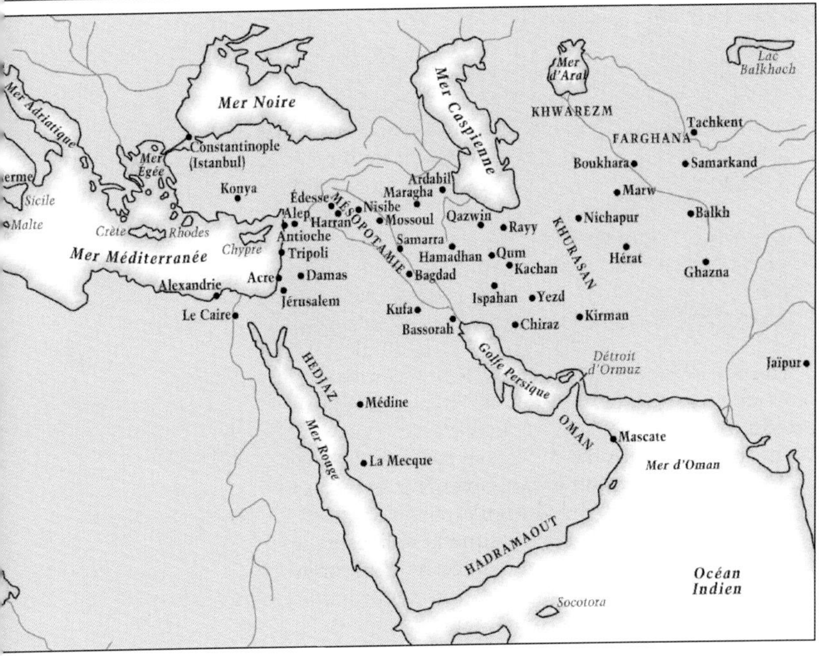

Ci-dessus, cadre géographique de l'expansion musulmane.

XIe siècle : Mahmûd de Ghazna (997-1030) soumet le Pendjab et le Cachemire ; les Turcs seldjoukides scellent leur pénétration en Asie mineure par leur victoire en 1071 à Mantzikert sur l'empereur byzantin. Mais le XIe siècle marque aussi le début d'un retrait en Espagne, avec la prise de Tolède par le roi Alphonse VI de Castille en 1085 ; de la fin du XIIIe siècle à 1492, la présence musulmane dans la péninsule Ibérique se limite au royaume nasride de Grenade. Dans un vaste espace sujet au morcellement interne, aux rivalités politiques, aux ravages de telle ou telle invasion, la langue arabe assure la continuité et le renouvellement de la science. Elle n'est toutefois plus la seule langue de culture : le persan, à partir des Xe et XIe siècles, s'affirme, empruntant l'alphabet arabe. Langue de la poésie, de la littérature, le persan va aussi servir à écrire des ouvrages scientifiques, pour la plupart à visée encyclopédique et vulgarisatrice, mais pas uniquement.

Sanctuaire païen avant Mahomet, la Kaaba (à gauche) devient à l'avènement de l'islam le signe sacré de la présence de Dieu. Centre du monde musulman, elle indique le point vers lequel les prières sont accomplies, les mosquées orientées. Cette direction, ou *qibla*, se détermine de manière complexe, selon des méthodes allant de la plus empirique et traditionnelle à la plus scientifique, en fonction des temps et des lieux.

Sur cette gravure du XIXe siècle, le calife Hârûn al-Rashîd converse avec « Jean Mésué ». Ce nom latinisé évoque le médecin Yuhânnâ ibn Mâsawayh, un chrétien nestorien dont la famille était originaire de Jundishâbûr. Si Ibn Mâsawayh fut au service de plusieurs califes à partir du règne d'al-Ma'mûn (813), il était trop jeune pour avoir suscité la faveur d'Hârûn al-Rashîd (786-809). Il écrivit de nombreux ouvrages de médecine, mais en Europe chrétienne, il acquit surtout sa réputation pour des livres de pharmacologie qui lui furent faussement attribués.

Facilitées par l'usage du papier, selon une pratique empruntée de la Chine dès le VIIIe siècle, la copie des livres, leur circulation, la constitution de bibliothèques publiques et privées assurent la transmission des œuvres. L'échange des idées passe aussi par les voyages des hommes, partis recevoir l'enseignement d'un maître renommé ou bénéficier de l'aide de quelque mécène. Les foyers de créativité, du IXe au XVe siècle, furent multiples, à géographie variable selon les époques.

L'impulsion donnée à Bagdad

Si le califat omeyyade (650-750) suscita une civilisation brillante dont témoignent encore le Dôme du Rocher à Jérusalem ou la Grande Mosquée de Damas, l'histoire n'a pas gardé trace d'ouvrages de science en langue arabe datant de cette époque. L'avènement de la dynastie abbasside en 750 ouvre une période d'intense activité en ce domaine. Le désir de rivaliser avec l'Empire byzantin, l'influence des milieux persans qui avaient porté au pouvoir ces descendants d'al-'Abbâs, oncle du Prophète, un intérêt pour les sciences dicté à la fois par des goûts personnels et le souci d'accroître le prestige du califat se conjuguent pour impulser une dynamique. Dans cet élan, sont mises à profit les ressources intellectuelles et linguistiques des élites cultivées du Moyen-Orient.

Siège de l'autorité califale depuis al-Mansûr (754-775) qui la fonda, Bagdad voit se rassembler

et se rencontrer des savants de toutes origines et aux intérêts variés. C'est sous le règne de Hârûn al-Rashîd (786-809) qu'y est construit le premier hôpital du monde musulman, ou *bîmâristân* (du persan signifiant « lieu de la personne malade »). Les médecins alors les plus en vue sont des chrétiens nestoriens, exerçant souvent leur art de père en fils. Mais le symbole du creuset bagdadien est constitué par la « Maison de la Sagesse » (*Bayt al-Hikma*), dont la légende s'est emparée pour en faire, de manière quelque peu anachronique et idéalisée, une sorte d'académie des sciences ou une institution solidement structurée et organisée. Sous Hârûn al-Rashîd, il s'agit avant tout d'une bibliothèque à l'usage de la cour, mais des traductions commanditées par le calife semblent y avoir été élaborées. Sous al-Ma'mûn (813-833), le *Bayt al-Hikma* s'ouvre plus largement vers l'extérieur. Des savants y travaillent et s'y rencontrent, surtout des mathématiciens et des astronomes, dont certains exercent des fonctions d'astrologues de cour. La tradition veut que les Bânû

La fondation de la ville de Bagdad par al-Mansûr en 762 (reconstitution ci-dessous) donna lieu à des calculs astrologiques. Nul doute aussi que le choix d'une forme circulaire, délimitée par trois murailles concentriques qu'entourait un fossé où s'écoulait l'eau du Tigre, ses quatre portes fortifiées disposées selon les points cardinaux, la position centrale du palais et de la Grande Mosquée répondaient à un dessein symbolique, non dénué d'une composante cosmologique.

Mûsâ, trois frères qui s'illustrèrent en mathématiques, astronomie et mécanique y aient été éduqués, après avoir été recueillis par al-Ma'mûn à la mort de leur père. Le *Bayt al-Hikma* est aussi un lieu de discussions sur la foi musulmane et sa portée politique, où s'exprime la doctrine mutazilite (ainsi dénommée à partir du qualificatif donné à son fondateur, « celui qui s'isole »), teintée de philosophie grecque de l'Antiquité tardive.

Al-Ma'mûn fit élaborer une carte du monde dont il ne reste pas de vestige. Les plus anciennes cartes issues du monde musulman illustrent, dans une copie de 1037, l'« Image de la Terre » d'al-Khwârizmî, qui porte l'influence de la *Géographie* de Ptolémée. Le cours du Nil y est représenté (ci-dessus), depuis sa source au sud (à droite) jusqu'à son delta au nord (à gauche). Les zones climatiques qu'il traverse depuis l'équateur sont indiquées par des bandes verticales.

Le nom du calife al-Ma'mûn est directement lié à des observations astronomiques et à des recherches géodésiques qu'il patronna dans les dernières années de son règne. Des séries continues d'observations sont menées d'abord à Bagdad vers 828-830, puis à Damas entre 830 et 833. Ces dernières, interrompues par la mort du calife, ont donné lieu à la construction d'un quadrant mural de 5 mètres de côté, la plus ancienne construction monumentale attestée pour observer le ciel. Parallèlement, le calife commandite des expéditions destinées à mesurer un degré de méridien, afin de calculer le diamètre de la Terre. À partir d'un point initial choisi dans le désert syrien, les équipes se sont partagées en deux groupes, l'une allant vers le nord, l'autre vers le sud. Les relations ultérieures de ces entreprises fournissent une valeur variable autour de 56 milles arabes, qui donne lieu de la part des spécialistes d'aujourd'hui à des conversions en système métrique elles-mêmes variables. Il semble toutefois que le résultat obtenu n'ait pas été trop éloigné de la mesure correcte (111,3 kilomètres). Parmi les savants qui se rendirent à Bagdad au temps d'al-Ma'mûn, certains laissèrent un nom indélébile dans l'histoire de l'astronomie et des mathématiques arabes, dont ils furent les premiers bâtisseurs, comme le célèbre al-Khwârizmî (vers 800-850), originaire du Khwarezm dans l'actuel Ouzbékistan.

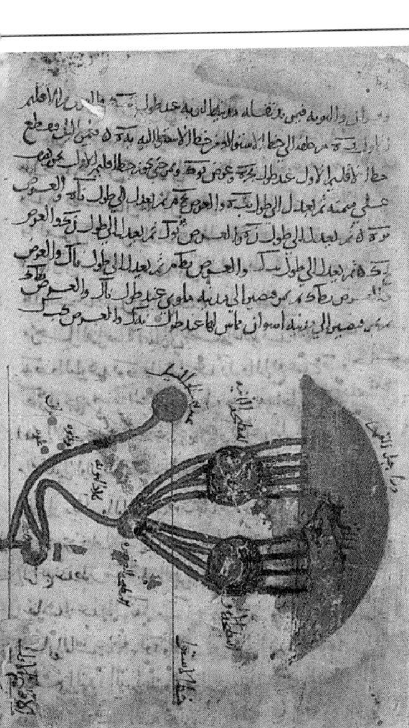

Bagdad continue à exercer une attraction au temps des successeurs d'al-Ma'mûn, d'autant que les califes ne sont plus les seuls mécènes : des hauts dignitaires, des notables, des membres des élites fortunées parmi lesquelles se rangent les Bânû Mûsâ se constituent des bibliothèques et patronnent recherches et observations. Les faveurs ont souvent pour revers des temps de disgrâce dans une société brillante où les rivalités, les désaccords de tous ordres ne manquent pas. Né vers 801 à Kûfâ en Irak, le philosophe al-Kindî, à la culture encyclopédique, meurt à Bagdad en 873, après avoir joui de la faveur d'al-Ma'mûn et d'al-Mu'tasim et avoir connu la disgrâce en 847 sous al-Mutawakkil, opposé aux thèses mutazilites. Autre auteur à la culture encyclopédique, mais surtout astronome et mathématicien, Thâbit ibn Qurra (824-901) fait partie de l'équipe des Bânû Mûsâ. Il est originaire de la cité de Harran,

L'échange des points de vue, la transmission orale de connaissances de maître à disciple furent très pratiqués dans le monde musulman. Ils étaient parfois animés. Selon le récit de biographes arabes, le médecin Ibn Mâsawayh aurait violemment tancé son élève Hunain ibn Ishâq, le futur grand traducteur natif de Hira : « Qu'est-ce que les gens de Hira ont à faire avec la médecine ? Tu ferais mieux de changer la monnaie dans la rue ! » La tournure de l'invective laisse supposer que, dans la Bagdad du IXe siècle, les origines régionales n'étaient pas sans importance. Humilié, Hunain partit vers la terre byzantine pour y apprendre le grec.

en Haute-Mésopotamie, comme son presque contemporain l'astronome al-Bâttânî (mort en 929), qui n'est qu'épisodiquement venu à Bagdad et a effectué la plupart de ses observations à Raqqa dans le nord de la Syrie actuelle. Bagdad, dans la seconde moitié du IXe siècle, abrite encore un astrologue de renom, Abû Ma'shâr, né à Balkh dans le Khorassan en 787 et mort presque centenaire à Wâsit en Irak central en 886. Le grand médecin persan al-Râzî (865-925), également philosophe et alchimiste, fait de fréquents allers et retours entre les cours iraniennes ou l'hôpital de Rayy (près de l'actuelle Téhéran) et la cour ou l'hôpital de Bagdad.

Liée à la vie politique, l'activité d'astrologue n'était pas sans risques : Abû Ma'shâr aurait été fouetté pour avoir fait une prédiction qui avait déplu au calife. D'après un autre récit, le même Abû Ma'shâr fut consulté lors de la rébellion des Zanj, des esclaves amenés d'Afrique orientale, qui secoua le Bas-Irak de 869 à 883. Cette vie mouvementée ne l'empêcha pas d'écrire de nombreux ouvrages, à la durable influence (ci-dessus, miniature du *Livre des nativités*).

Après des années de troubles, l'avènement des émirs bouyides et leur mise sous tutelle du califat procurent à Bagdad un nouveau souffle intellectuel. 'Adud al-Dawla y inaugure en 982 un nouvel hôpital. Son successeur Sharaf al-Dawla (982-989) fait construire par l'astronome et mathématicien al-Qûhî, dans le jardin de son palais, un observatoire qui constitue le premier exemple d'un établissement à usage d'observation muni d'une enceinte. De la curiosité intellectuelle et de la créativité scientifique des IXe et Xe siècles témoigne le *Fihrist* d'Ibn al-Nadîm. Écrit en 988 par un fils de libraire, copiste et érudit, ce « Répertoire » rassemble des notices sur les ouvrages alors disponibles à Bagdad, ou dont l'existence est connue. Ce livre, qui demeure une source d'informations pour l'historien moderne, témoigne du souci constant qui se manifesta dans le monde musulman de situer les réalisations arabes dans l'histoire universelle des savoirs.

L'Iran et ses mécènes princiers

La multiplicité des pouvoirs régionaux dans l'Orient musulman des Xe et XIe siècles est propice à l'éclosion de milieux protecteurs des lettrés. La science arabe devient alors nomade, au gré des ouvertures et des fermetures, liées aux vicissitudes politiques et aux renversements de pouvoir. La cour de l'émir hamdanide d'Alep, Sayf al-Dawla (915-967), foyer intense de poésie, accueille en 941 le philosophe al-Fârâbî. À ce même prince, l'astrologue al-Qabîsî, qui a reçu sa formation auprès d'un maître à Mossoul vers 955-956, dédie plusieurs de ses ouvrages. L'un d'entre eux, sous le nom latinisé d'Alcabitius, servit à former des générations d'astrologues en Occident médiéval. Mais c'est en Iran, terre de culture pérenne, que prolifèrent les enseignements autour de maîtres réputés. Les dédicaces d'ouvrages attestent parfois la protection de quelque prince mécène. Le médecin al-Majûsî, resté zoroastrien comme ses ancêtres, dédie son unique ouvrage, lui aussi promis à une grande fortune en Orient

L'élan scientifique s'insère dans le contexte d'un développement urbain considérable, attirant commerçants et artisans, en des rencontres de populations contrastées. D'amples constructions sont réalisées, des villes nouvelles sont fondées, au destin parfois éphémère. Le minaret hélicoïdal de la Grande Mosquée construite entre 846 et 852 (à gauche) est là pour rappeler que Samarra fut pendant une cinquantaine d'années le siège du califat. Voulant mettre un terme aux tensions entre sa garde turque et la population de Bagdad, le calife al-Mu'tasim avait fondé à proximité cette nouvelle ville princière. En 892, le retour du calife al-Mu'tamid à Bagdad réduisait Samarra à l'état de bourgade. Les palais retrouvèrent leur faste à Bagdad, avec leur zoo, leurs prodiges techniques ornant les jardins de bassins et d'automates que vantent des narrateurs émerveillés. En dépit de désordres épisodiques, Bagdad continua à tenir un rang honorable jusqu'à sa mise à sac par les Mongols en 1258 et la perte de son statut califal.

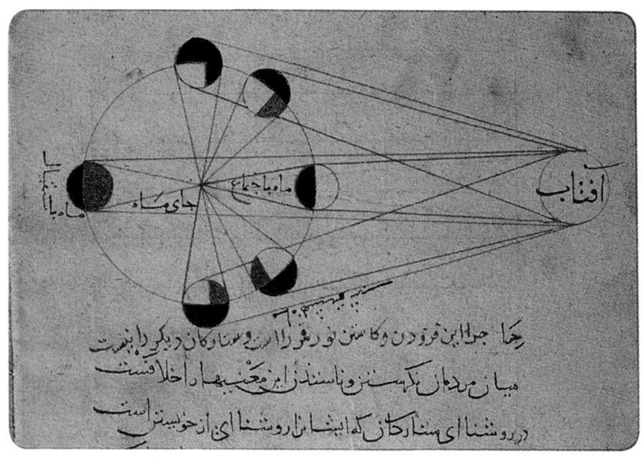

De langue maternelle persane, usant principalement de l'arabe dans ses travaux scientifiques, al-Bîrûnî avait acquis une connaissance du sanskrit lors de son séjour en Inde. Il eut ainsi directement accès à des textes de l'astronomie indienne. Dans ses œuvres, il fait la synthèse entre les différents apports grecs, indiens et arabes, en s'appuyant sur une réflexion rigoureuse et une haute compétence en mathématiques, ainsi que sur des observations personnelles. Dans *al-Qânûn al-Mas'ûdî*, il relate des observations réalisées entre 990 et 1025 dans différents lieux entre le Khwarezm et Kaboul. Le sujet des éclipses, notamment de la Lune (ci-dessus, dans une autre de ses œuvres), le retint non seulement pour son intérêt en astronomie et en astrologie, mais pour des applications en géodésie : en théorie, la notation simultanée des temps d'une éclipse par deux observateurs situés en des lieux différents permettait de calculer l'écart en longitude entre ces lieux. En pratique, cette méthode trouvait ses limites, notamment en raison de la difficulté de mesurer le temps avec exactitude.

comme en Occident, à 'Adud al-Dawla, avant que ce dernier n'étende sa domination sur l'Irak en 977. À l'entourage de ce prince, à Chîrâz, appartient sans doute l'astronome al-Sûfî, auteur vers 964 d'un *Livre des constellations*, donnant un catalogue d'étoiles richement illustré et à la durable influence.

Au milieu d'une pléiade de savants, deux figures émergent dans l'Iran du début du XIe siècle : Avicenne et al-Bîrûnî, qui d'ailleurs échangèrent une correspondance scientifique sur des questions de philosophie naturelle. Né près de Boukhara en 980, Avicenne (Ibn Sînâ) meurt à Hamadan en 1037, après d'incessantes tribulations d'une cour à une autre à travers l'Iran central. Son œuvre immense, en arabe et en persan, n'a guère laissé de disciplines de côté, y compris la poésie. Ses apports majeurs se situent néanmoins en philosophie (avec son encyclopédie intitulée « Livre de la guérison », *Kitâb al-shifâ'*) et en médecine (avec son monumental *Canon*). Né dans le Khwarezm en 973, al-Bîrûnî s'est également déplacé d'une cour à une autre, pour terminer sa vie vers 1050 à Ghazna, dans l'actuel Afghanistan, où l'a amené le conquérant Mahmûd. Il suit ce protecteur dans ses expéditions en Inde et relate cette expérience en une encyclopédie qui, achevée en 1030, procure aujourd'hui encore une mine d'informations. Le nombre des ouvrages écrits par al-Bîrûnî est considérable, touchant aux sujets les plus divers, tels que la minéralogie ou la pharmacopée, mais l'un des plus remarquables est constitué par un volumineux traité d'astronomie (*al-Qânûn al-Mas'ûdî*), dédié en 1035 au deuxième souverain ghaznévide, Mas'ûd Ier. Connu en Europe depuis le XIXe siècle grâce à ses œuvres poétiques en persan, 'Umar al-Khayyâm fit aussi de longs voyages, depuis sa ville natale de Nîshâbûr, à la recherche d'une cour hospitalière, afin d'y promouvoir ses grandes compétences en mathématiques, astronomie et physique. À Isfahan, en 1079, il réalise pour le sultan seldjoukide Mâlikshâh Jalâl al-Dîn la réforme du calendrier persan solaire. Il organise également un observatoire, mais tombé en disgrâce après la mort du sultan en 1092, il prend la route de La Mecque, puis s'établit dans le Khorassan à Marw (Mary), nouvelle capitale seldjoukide.

Les temps du Caire et de Damas

La conquête fatimide ouvre un temps de prospérité en Égypte, propice à la science. Dans la ville du Caire, récemment fondée (969), Ibn Yûnus réalise

Les recherches d'al-Bîrûnî en géodésie ne sont qu'un aspect de sa contribution majeure à l'étude de la géographie et à la mise au point de méthodes de projection utilisables en cartographie. Dans tous les domaines, sa lucide intelligence en fait un des penseurs les plus raffinés du monde musulman.

Représenté sur cette miniature du XIVe siècle revêtant l'habit de cérémonie que lui a remis le calife, le conquérant de l'Inde, Mahmûd de Ghazna, fut également le dédicataire, en 1010, de la célèbre épopée du « Livre des rois », (*Shâhnâme*) du poète persan Ferdawsî.

une série d'observations astronomiques sur les éclipses, les conjonctions de planètes, les équinoxes, qu'il relate, en rappelant celles de ses prédécesseurs arabes, en un ouvrage dédié vers 1003 au calife al-Hâkim (*Hâkimî Zîj*). C'est aussi à ce calife despote doté d'une étrange personnalité, mort en 1021 probablement assassiné, qu'Ibn al-Haytham propose un projet, finalement non retenu, de contrôle des eaux du Nil. Les œuvres de ce savant de grande envergure touchent à l'optique, aux mathématiques et à l'astronomie. De l'époque fatimide peut encore être cité le médecin qui se dit autodidacte 'Alî ibn Ridwân (998-1067), nommé « chef des médecins d'Égypte » par le calife al-Mustansir. L'un de ses ouvrages étudie les modes de prévention des maladies en Égypte, en une critique des opinions exprimées quelque cinquante ans auparavant par un médecin de Kairouan. Adepte des controverses savantes, Ibn Ridwân entre aussi en polémique sur un sujet de diététique, mais cette fois de vive voix, avec son collègue chrétien de Bagdad, Ibn Butlân

Célébré pour ses victoires sur les Francs, le sultan Saladin (1138-1193), fondateur de la dynastie ayyûbide, est réputé avoir eu à son service dix-huit médecins, pour la plupart chrétiens ou juifs. Parmi eux, figura le philosophe cordouan Maïmonide, arrivé au Caire dès 1166. Avant la réunion sous domination ayyûbide en 1174 de l'Égypte et de la Syrie, la ville de Damas avait été dotée en 1159, par le souverain Nûr al-Dîn, d'un nouvel hôpital (dit « Nûrî »), dont le bâtiment toujours conservé abrite aujourd'hui un musée des sciences (ci-dessous).

(mort vers 1068), un moment au Caire sur sa route vers Constantinople.

Aux XIIIe et XIVe siècles, la domination mamelouk sur l'Égypte et la Syrie est marquée par d'importantes réalisations en médecine. Deux auteurs se distinguent particulièrement : Ibn Abî Usaybi'a (mort en 1270), avec son répertoire biographique de médecins, source d'information pour l'historien actuel, et Ibn al-Nafîs (mort en 1288) qui, dans un commentaire au *Canon* d'Avicenne, décrit pour la première fois la petite circulation pulmonaire. Ces innovations s'inscrivent dans le contexte d'une organisation de la profession médicale et de construction d'hôpitaux, à la fois lieux de soins et d'enseignement, dont le Mansûrî, terminé au Caire en 1284, auquel Ibn al-Nafîs légua ses livres et ses biens.

Au temps des mamelouks, comme de leurs prédécesseurs ayyûbides, le patronage ne se limite pas à des mécénats ponctuels. Il s'accompagne d'une volonté d'organisation institutionnelle et urbaine, dans le cadre d'une politique de fondations, les *waqfs*, ces biens inaliénables dont les revenus servent à l'entretien d'édifices religieux ou publics. Actif vers 1365, al-Khalîlî est *muwaqqit* à la mosquée des Omeyyades à Damas : cette fonction consiste à régler les heures de prières à l'aide de l'astronomie. Ses tables astronomiques pour le calcul du temps restèrent en usage à Damas jusqu'au XIXe siècle. Il eut pour collègue le *muwaqqit* en chef, Ibn al-Shâtir. À ce théoricien de l'astronomie planétaire est due la construction du cadran solaire

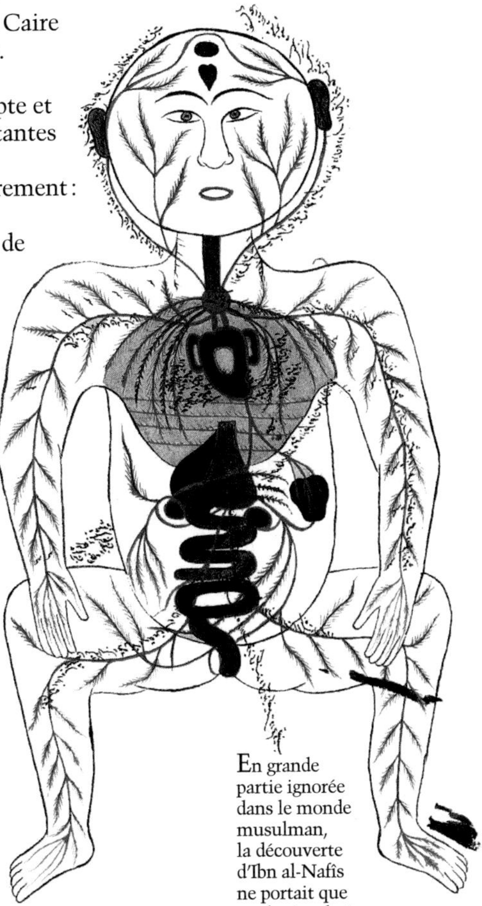

En grande partie ignorée dans le monde musulman, la découverte d'Ibn al-Nafîs ne portait que sur la circulation pulmonaire. Comme dans ce schéma illustrant un traité d'anatomie persan de 1396, Ibn al-Nafîs pense que le sang, renouvelé dans le foie à partir des produits de la nourriture, est assimilé par les différentes parties du corps qu'il a irriguées.

horizontal apposé sur le minaret principal de la mosquée des Omeyyades. En Syrie comme en Égypte aux XIIIe et XIVe siècles, la créativité scientifique est intimement liée aux besoins de la société, qu'il s'agisse de la santé ou de la vie religieuse.

Dans un souci de rapprochement politique, l'empereur de Constantinople offre en 948 au calife 'Abd al-Rahmân III, entre autres présents, un magnifique manuscrit grec de l'œuvre de botanique médicale composée par Dioscoride au Ier siècle (scène reconstituée dans ce tableau du XIXe siècle).
...

Al-Andalus

Il faut attendre le règne du troisième émir omeyyade, 'Abd al-Rahmân II (822-852), pour voir rapporter en Espagne par quelques voyageurs ou pèlerins de La Mecque des livres venus de l'Orient musulman. Les premiers temps du califat de Cordoue, instauré en 929 par 'Abd al-Rahmân III, marquent le véritable démarrage d'une créativité scientifique originale, en agronomie (spécialité andalouse), en pharmacie, en médecine et astronomie surtout. En 987, Ibn Juljul, spécialiste de pharmacopée au service du calife Hishâm II, inscrit ses prédécesseurs et ses contemporains d'al-Andalus dans une histoire des médecins qui part des origines mythiques de la médecine et de l'Antiquité grecque. Dans les dernières décennies du Xe siècle, al-Zahrâwî, dont le nom indique sa naissance dans l'éphémère cité royale de Madînat al-Zahrâ', mort peu après 1009, rédige une encyclopédie médicale, dont la partie chirurgicale est promise à une riche diffusion en diverses langues. De ce rayonnement cordouan datent encore les travaux pionniers de Maslama al-Majrîtî (mort vers 1007), à l'origine d'une lignée d'astronomes et de mathématiciens.

Lorsque, au XIe siècle, considéré comme son « âge d'or », au califat est substituée une multitude de principautés, la science d'al-Andalus prend place dans un ouvrage d'histoire, d'une érudition et d'une lucidité remarquables. À Tolède en 1068, le cadi (juge) Sâ'id achève un *Livre des catégories des nations* retraçant l'origine et le développement

des sciences chez les différents peuples jusqu'aux musulmans d'Espagne de son temps. Au moment de sa reprise par les chrétiens en 1085, Tolède est en effet un haut lieu du savoir dans toutes les disciplines. Y domine la figure d'Azarquiel, à la fois théoricien de l'astronomie et concepteur d'instruments. Il part continuer ses activités à Cordoue où il meurt en 1100. Saragosse connaît un roi non seulement mécène mais savant : al-Mu'taman ibn Hûd (mort en 1081) a laissé un ouvrage de mathématiques (le *Livre du perfectionnement*), qui fut diffusé au Maghreb et en Orient musulman aux XIIIe et XIVe siècles.

En 1130, la dynastie des Almohades succède aux Almoravides qui avaient peu à peu soumis les divers princes autonomes. Les souverains almohades, réputés pour leur rigueur religieuse

... Pour aider à la compréhension du texte, en vue d'une révision de la traduction arabe réalisée précédemment en Orient, l'empereur dépêche à Cordoue un moine, qui se met assidûment au travail en association avec un médecin juif. Cet événement fixe le point de départ de fructueuses recherches en botanique couronnées au XIIIe siècle par l'œuvre d'Ibn al-Baitâr.

et morale, favorisent la théologie et la *falsafa* (la philosophie d'origine grecque), mais non sans restrictions. S'ouvre ainsi le siècle dit « des philosophes », dans lequel s'imposent Maïmonide (1135-1204) et Averroès (1126-1198), aux vies mêlées de faveurs princières et de disgrâces. Représentants majeurs pour l'un de la pensée juive, pour l'autre de la pensée musulmane, ils ont pour point commun d'être médecins et de s'intéresser à tous les champs du savoir scientifique. La stature de ces maîtres à penser ne doit pas éclipser les savants de talent actifs en ce XIIe siècle andalou, comme les médecins de la famille des Ibn Zuhr ou les théoriciens de l'astronomie Jâbir ibn Aflah, à Séville dans la première moitié du XIIe siècle, et, pour les dernières décennies du siècle, al-Bitrûjî.

Si l'Alhambra de Grenade témoigne encore aujourd'hui de la splendeur nasride, aux derniers temps de la présence musulmane en Espagne, l'éclat des sciences s'est estompé. L'épidémie de peste de 1348 et ses récurrences suggèrent à deux auteurs des pages lucides sur les processus de contamination par les objets et de contagion. Peut-être en relation avec les ravages de ce fléau, Grenade voit construire, en 1366, le premier hôpital qu'ait connu la péninsule ibérique. Mais nombre de savants ont quitté l'Espagne, avant même que son espace musulman ne soit réduit au royaume des Nasrides.

Le philosophe Averroès (en arabe, Ibn Rushd [ci-dessous]) occupa comme son père la fonction de cadi tout en exerçant l'art médical. Il dit lui-même avoir effectué des observations astronomiques à Marrakech et il engagea une réflexion sur les modèles théoriques des mouvements planétaires. En Europe chrétienne, où des peintres italiens se plurent à le représenter dans la position modeste d'un penseur surpassé (voire terrassé) par Thomas d'Aquin, il est devenu « le Commentateur » par excellence des œuvres philosophiques d'Aristote, porteur d'une théorie de l'intellect humain controversée.

Les temps du Maghreb

L'histoire a gardé peu de traces d'une activité scientifique en Afrique du Nord avant la réunion sous un même pouvoir des terres maghrébines et andalouses sous les Almoravides puis les Almohades. Surtout fameuse pour ses juristes du courant malékite, la ville de Kairouan abrite toutefois au Xe siècle un enseignement médical de haut niveau. Certaines des œuvres écrites alors furent parmi les premières à bénéficier plus tard d'une traduction en latin, grâce aux soins d'un autre Maghrébin, Constantin l'Africain (mort vers 1086), parti s'installer en Italie. Mise à part la personnalité exceptionnelle de l'historien et sociologue avant la lettre Ibn Khaldûn, né à Tunis en 1332 et mort au Caire en 1406 après une vie mouvementée, c'est incontestablement en mathématiques que les auteurs maghrébins se distinguent le plus entre le XIIIe et le XVe siècle. Originaire de Denia, près de Valence, Ibn Mun'im vient s'installer à Marrakech (la ville fondée vers 1060 par le premier souverain almoravide), où il meurt en 1228, laissant un manuel d'arithmétique qui constitue le premier ouvrage maghrébin à traiter de combinatoire. La fusion des traditions mathématiques de l'Orient musulman, d'al-Andalus et de celles propres au Maghreb porte ses fruits au temps des Mérinides (XIIIe-XIVe siècle). Né et mort à Marrakech, Ibn al-Bannâ (1256-1321) est invité à plusieurs reprises à la cour de Fès. Son *Précis des opérations arithmétiques* fut largement

Sous les émirs aghlabides (800-909), Kairouan connaît un rayonnement qu'atteste encore aujourd'hui sa Grande Mosquée (ci-dessus).

Sur ce cadran horizontal assez rudimentaire, peut-être réalisé à Cordoue, la direction de la *qibla* est indiquée par un dessin ressemblant à un compas.

diffusé et commenté dans le monde arabe. À travers les œuvres de mathématiciens tels que l'Algérien Ibn Qunfudh (1339-1407) ou l'Andalou al-Qalasâdî (1412-1486) s'élabore une écriture symbolique de l'arithmétique et de l'algèbre.

De Marâgha à Samarkand

Issu d'une famille juive marocaine, le mathématicien al-Samaw'al était aussi médecin : il rédigea à ce titre un opuscule d'hygiène sexuelle, un genre d'écrits fort représenté en arabe. En mathématiques, il apporte une contribution majeure à la théorie des polynômes et à l'étude des fractions décimales. Après une vie passée en différents lieux de l'Orient, il meurt à Marâgha vers 1175. Si cette ville de l'Azerbaïdjan connaît alors un certain rayonnement culturel, elle doit davantage sa renommée à la période postérieure aux invasions mongoles. Le petit-fils de Gengis Khan, Hûlâgû, y fait construire un observatoire à partir de 1259. Le mieux équipé et organisé qu'ait connu le monde musulman médiéval, cet observatoire est aussi un centre d'études en astronomie et en mathématiques, doté d'une bibliothèque et d'une

De l'observatoire de Samarkand, fondé en 1420, subsistent aujourd'hui, à 20 mètres de profondeur, les deux arcs de cercle en pierre, parallèles et gradués, d'un sextant géant destiné à mesurer quotidiennement la hauteur du soleil. Le bâtiment avait la forme d'une tour annulaire de 48 mètres de diamètre (reconstitution ci-dessus). Il portait une décoration similaire à celle de la toute proche madrasa. Cette école se consacrait-elle uniquement aux sciences religieuses et juridiques ou accueillait-elle des cours de mathématiques et d'astronomie en liaison avec l'observatoire ? Il est difficile d'en décider.

fonderie pour la fabrication des instruments en cuivre. Des grands noms de la science arabe sont attachés à son histoire, à commencer par son premier directeur, Nasîr al-Dîn al-Tûsî (1201-1274). L'observatoire a fonctionné plus de cinquante ans, mais ses bâtiments étaient déjà en ruines vers 1350.

Le premier observatoire à reprendre le modèle de Marâgha est celui de Samarkand, fondé par le petit-fils de Tîmûr Lang ou Tamerlan, Ulugh Beg (1393-1449). Si le règne de celui-ci ne dura que deux ans et se termina par son exécution, lui-même acquit une réputation de lettré et s'adonna à l'étude des mathématiques et de l'astronomie. Son nom est lié à des tables astronomiques (*Zîj-i-sultânî*), composées en persan puis traduites en arabe. Pour cette élaboration, Ulugh Beg avait reçu l'aide de divers astronomes et mathématiciens, dont le Persan al-Kâshî, auteur d'une encyclopédie mathématique (*Clef de l'arithmétique*), qui rassemble et porte à son sommet le savoir arabe en ce domaine. Avec la mort d'al-Kâshî vers 1430, puis la désaffection de l'observatoire de Samarkand après l'exécution de son fondateur, s'achèvent les siècles les plus créatifs de la science arabe.

Le destin d'Ulugh Beg (ci-dessus) illustre le rôle important joué par le patronage princier, en même temps que la fragilité d'un mécénat souvent éphémère, dont la réussite reposait sur la disponibilité de savants et leur capacité de mobilité.

Avec ses instruments monumentaux combinant quadrants, sextants ou structures cylindriques, équipés de savants systèmes de graduation, l'observatoire de Jaipur (ci-contre) perpétue la tradition inaugurée à Marâgha. Comme quatre autres observatoires du nord de l'Inde, il fut construit à l'initiative du maharadjah astronome Jai Sing II (1688-1743). D'une astucieuse modernité dans leur conception, ces observatoires n'en étaient pas moins en décalage avec la science européenne de la même époque, alors à l'heure du télescope et de l'héliocentrisme.

صورة السمكتين على ما ترى في السماء
المغرب
المشرق

صورة السمكتين على ما ترى في الكرة
المغرب
المشرق

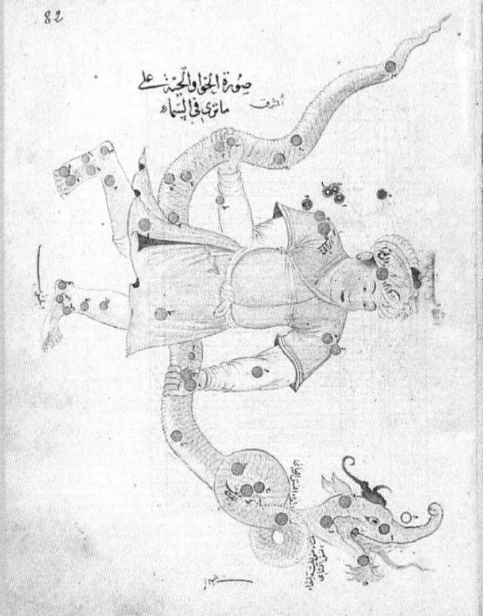
82
صورة الحوا والحية على
ما ترى في السماء

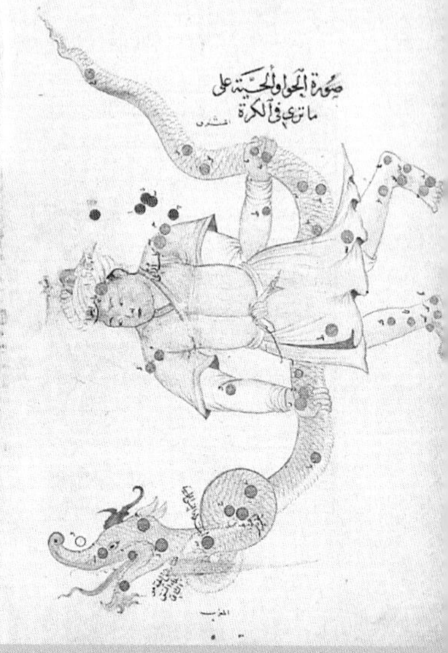
صورة الحوا والحية على
ما ترى في الكرة
المغرب

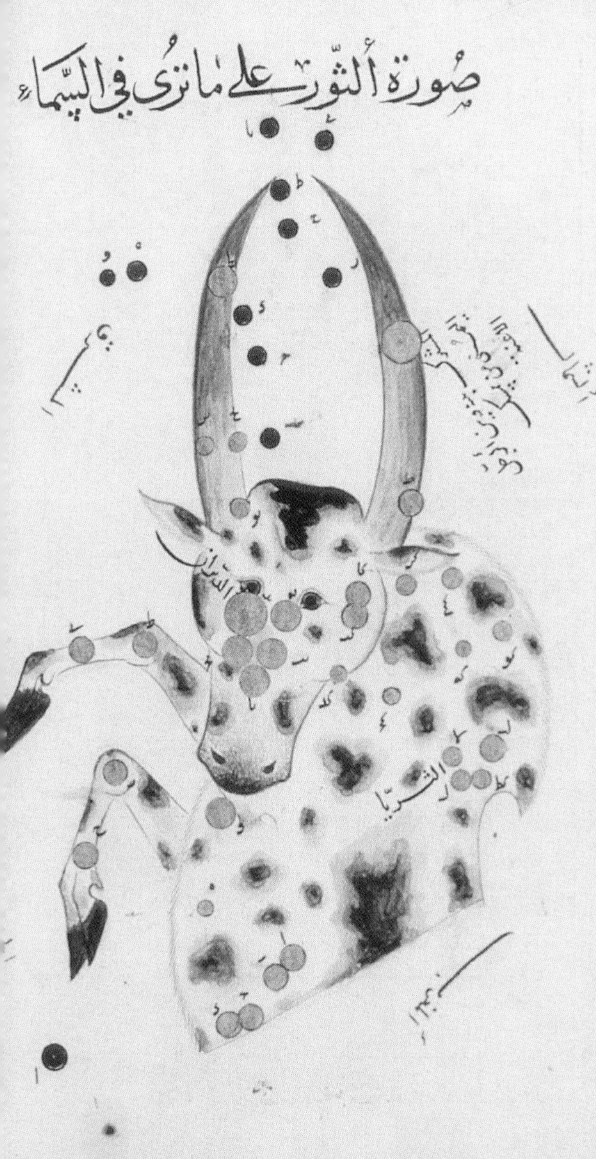

Les manuscrits du *Livre des constellations* de l'astronome persan al-Sûfî (903-986) se signalent par la beauté de leurs illustrations, souvent prises pour modèles dans le monde musulman (ci-contre la copie faite pour Ulugh Beg). Certaines d'entre elles trouvèrent un chemin vers le monde latin médiéval, où elles rencontrèrent une tradition issue de l'Antiquité romaine. Al-Sûfî se fonde sur le catalogue de 1025 étoiles regroupées en 48 constellations qu'avait établi l'astronome grec Ptolémée. Il y apporte quelques révisions, notamment en ce qui concerne la magnitude des étoiles. Chaque constellation est dessinée de deux manières : telle qu'elle est vue dans le ciel et telle qu'elle est représentée sur un globe céleste. Pour cette deuxième représentation, al-Sûfî, d'après al-Bîrûnî, aurait utilisé un papier très fin pour décalquer les contours donnés sur le globe céleste dont il disposait. Sous la forme latinisée d'Azophi, le souvenir de l'astronome persan se perpétue dans le nom donné à un cratère de la lune.

بسم الله الرحمن الرحيم
وما توفيقي الا بالله

Tout en témoignant du mélange de cultures qui l'ont nourrie, les savants de langue arabe définissent eux-mêmes leur science comme continuatrice de la science grecque, qu'ils traduisent, analysent, commentent, critiquent. La mise au point de nouvelles méthodes, le recours à des observations et à des expériences, l'ouverture de nouveaux champs de recherches vont en modifier profondément le contenu.

CHAPITRE 2

SCIENCE GRECQUE ET SCIENCE ARABE

Pourvoyeurs de théories, les Grecs sont aussi pour les auteurs arabes les pionniers de l'expérimentation. C'est le cas de Galien, l'« autorité » médicale (représenté en bas à gauche au milieu d'une assemblée de savants grecs sur la première page d'un de ses traités de pharmacologie). Ci-contre, encrier persan du XIIe siècle.

Les foyers de science et de philosophie hellènes

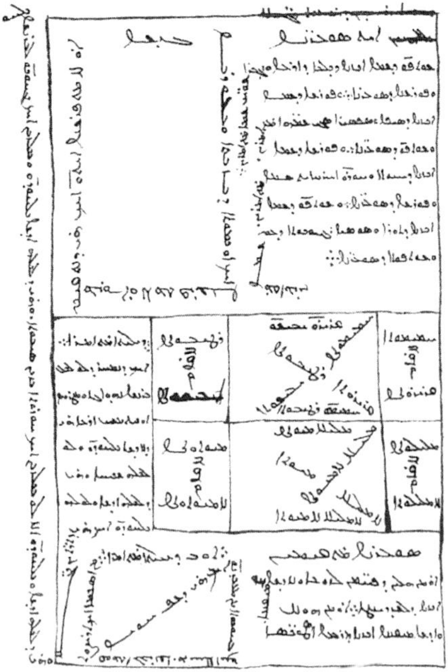

Les premières conquêtes du VIIe siècle intègrent au monde musulman d'importants centres où s'enseignaient et se perpétuaient la philosophie, les sciences et la médecine grecques. Conquise entre 642 et 645, Alexandrie était sans aucun doute la capitale intellectuelle de l'Empire byzantin. Aux Ve et VIe siècles, un enseignement alliant sciences et philosophie y était délivré, selon un programme d'études qui laissa sa marque dans le monde arabe et dans le monde latin médiéval. La culture grecque n'était pas l'apanage du seul Empire byzantin. Sous le roi sassanide Khosrô Ier (531-578), la brillante cour de Ctésiphon s'était ouverte autant à l'hellénisme qu'à la civilisation indienne. Des ouvrages grecs et sanscrits y étaient traduits en pehlvi. Les scissions que connut, au Ve siècle, le christianisme oriental sur le sujet de la nature du Christ incarné, autour du courant de Nestorius et de la doctrine opposée du monophysisme, contribuèrent à la propagation de l'hellénisme en terre perse. Après l'adoption du monophysisme par leur évêque, des maîtres nestoriens quittèrent Édesse pour Nisibe (l'actuelle Nusaybin en Turquie). À Jundîshâbûr, dans le Sud-Est iranien, des médecins nestoriens acquéraient une réputation de compétence.

En Iran, en Syrie et en Mésopotamie, au sein des communautés chrétiennes des villes et dans les monastères, l'hellénisme s'exprimait alors en syriaque, langue issue d'un dialecte araméen de la région d'Édesse. Des traductions, dont beaucoup n'ont pas été conservées, furent élaborées

La démarche scientifique grecque, puis arabe, partage avec la philosophie une conception rationnelle du monde et de l'homme, ainsi que des méthodes de raisonnement. Le degré d'exactitude d'une science est validé par la qualité de ses démonstrations. Les traductions en syriaque des écrits logiques (*Organon*) d'Aristote et de leurs commentaires néoplatoniciens de l'Antiquité tardive, leur explicitation, parfois sous forme de tableaux didactiques (ci-dessus), constituèrent une étape décisive de leur diffusion.

en syriaque. Des traductions du grec surtout, par exemple par Sergius (mort en 536), médecin chef de la ville de Ra's al-'Ayn, qui reçut sa formation à Alexandrie. Des traductions du parsi aussi; l'évêque Sévère Sebokht, qui enseignait au VIIe siècle au couvent de Qennechre, mit en syriaque des ouvrages d'astronomie et de mathématiques, dont l'un contient la première mention des chiffres indiens. Les chrétiens n'étaient pas les seuls à animer des foyers de culture grecque. Peut-être l'un des lieux de refuge des philosophes néoplatoniciens chassés d'Athènes en 529, selon une hypothèse contestée, Harran est restée longtemps païenne. Sa population, réputée pour s'adonner à une religion astrale, comptait des milieux d'érudits, dont sont notamment issus le traducteur et savant Thâbit ibn Qurra ainsi que l'astronome al-Bâttânî.

Fondée par Alexandre le Grand, la ville égyptienne d'Alexandrie (mosaïque ci-dessous) fut dès le IIIe siècle av. J.-C. un pôle de créativité scientifique en langue grecque. Nombreux furent les savants de premier ordre qui s'y illustrèrent en mathématiques, astronomie, physique et médecine. Mais sa célèbre bibliothèque n'était déjà plus qu'un souvenir au VIIe siècle. Son prétendu incendie par les conquérants arabes est dénué de réalité historique.

Les traductions du grec en arabe

D'après le *Répertoire* du Bagdadien Ibn al-Nadîm, les entreprises de traductions en arabe auraient commencé à l'époque omeyyade : passionné de science, le prince Khâlid, fils du calife Yazîd Ier (680-683), aurait fait traduire du grec et du copte des textes d'astrologie et d'alchimie. Rien ne permet de vérifier la justesse de cette affirmation. La période intense de traductions couvre les IXe et Xe siècles. La majorité de ce qui était disponible durant la période hellénistique tardive fut alors traduite en arabe, en philosophie, dans les sciences exactes et la médecine. La poésie, la littérature et l'histoire ne donnèrent pas lieu à des traductions, trop liées qu'elles étaient à une civilisation révolue.
Était essentiellement recherché ce qui pouvait aider à comprendre le monde et à forger une pensée philosophique en accord avec les options musulmanes.
Les traducteurs furent nombreux, de qualité diversc. Le plus prolifique fut sans doute Hunain ibn Ishâq (808-873), issu d'une famille nestorienne de Hira en Mésopotamie. Médecin de plusieurs califes, il eut de multiples commanditaires parmi les mécènes bagdadiens, dont les Bânû Mûsâ.
Ses traductions portèrent en priorité sur la philosophie naturelle et la médecine. Alors qu'une intrigue de cour l'a mené en prison, en 856, Hunain adresse une « Missive » à un lettré bibliophile de

Hunain ibn Ishâq fut le traducteur par excellence de Galien, dont il traduisit cent quatre traités. Certaines de ses versions arabes constituent aujourd'hui les seuls témoignages conservés d'œuvres perdues en grec. Parmi les lecteurs assidus de ces traductions figure le philosophe et médecin Avicenne.
En marge de la première page (ci-dessous) d'un recueil contenant sept œuvres de Galien, une note suggère qu'il en fut possesseur.

Bagdad. Il y décrit ce qu'il sait des livres de Galien, sa propre recherche des manuscrits grecs, les traductions antérieures en syriaque et en arabe, enfin ses réalisations personnelles. Hunain adopte une méthode alliant la fidélité à l'égard de l'original à une clarté et une précision de l'expression arabe. D'autres traducteurs travaillent avec lui, dont son fils, Ishâq ibn Hunain. Toutes les traductions réalisées en arabe ne répondaient pas aux critères fixés par Hunain : certaines sont des calques de leur modèle, d'autres prennent au contraire l'allure de résumés ou de paraphrases.

Les bibliothèques (ci-dessus, à Bagdad) sont des lieux de conservation et de copie des manuscrits mais aussi de rencontres.

Au IXe siècle, peu de traducteurs furent aussi auteurs. Outre Hunain ibn Ishâq, auteur d'œuvres médicales au succès durable, Qustâ ibn Lûqâ représente une autre exception. Chrétien originaire de Baalbek, mort vers 912 en Arménie, il traduisit à Bagdad pour le compte du calife al-Musta'în (862-866). Il a laissé des traités de médecine, de mathématiques, d'astronomie et sur la science des miroirs. Au Xe siècle, les traducteurs-auteurs se font plus nombreux. Dans l'ambiance des IXe et Xe siècles, l'assimilation des savoirs anciens et la volonté créatrice vont de pair. Cette symbiose entre traduction et recherche mena au fil des années à de multiples révisions de textes déjà transmis en arabe, dans le souci d'en améliorer l'exactitude et la compréhension.

Les deux œuvres de Hunain ibn Ishâq sur l'anatomie de l'œil, sa physiologie et ses maladies (ci-dessous) inaugurent l'important développement que connut l'ophtalmologie arabe.

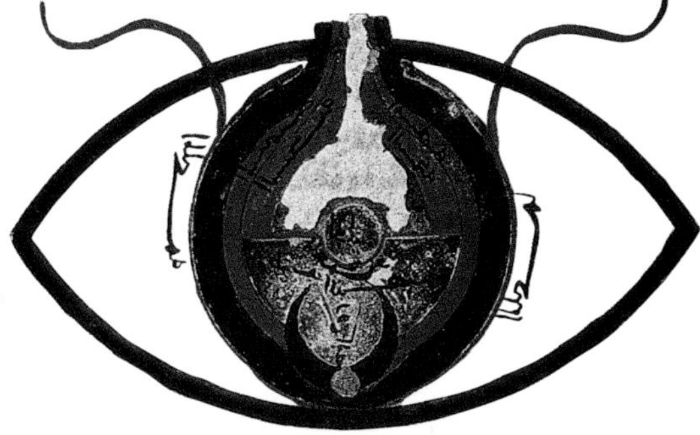

Aristote

Malgré des variantes importantes dans leur interprétation, d'al-Kindî à Averroès en passant par al-Fârâbî ou Avicenne, les œuvres du philosophe grec du IVe siècle av. J.-C. Aristote offrent le cadre dans lequel se déploie la pensée arabe.

Le monde d'Aristote est fait de sphères concentriques, mises en mouvement autour de la Terre par un premier moteur immobile. Des sphères célestes sur lesquelles tournent les astres formés d'un élément incorruptible, ou éther, on passe aux sphères des quatre éléments (feu, air, eau, terre) situées au-dessous de la sphère de la Lune et lieu des phénomènes météorologiques, pour arriver au monde terrestre, celui des corps composés et du vivant. Tout corps naturel (vivant ou non) est formé du mélange des quatre éléments qui lui confèrent ses qualités premières (chaud, froid, sec, humide), et toute transformation, tout mouvement s'expliquent par leur interaction. La théorie aristotélicienne du mélange intime des éléments premiers avait été conçue pour tenir à distance les théories atomistes, telles qu'elles avaient été défendues par exemple par Démocrite. La physique arabe fut elle aussi en majorité anti-atomiste. Un courant atomiste, surtout géométrique, apparut néanmoins au sein d'adeptes du *kalâm* (« discours »), une théologie spéculative mêlant l'interprétation des textes religieux aux arguments philosophiques, dans des milieux mutazilites de Bassora et de Bagdad aux IXe et Xe siècles.

En plus d'une cosmologie et d'une physique, Aristote offrait une théorie de la science et une organisation générale des savoirs. En reprenant et en modifiant les relations établies par Aristote entre les différentes sciences, les philosophes arabes eurent à situer précisément les mathématiques, d'autant que celles-ci s'étaient enrichies de l'algèbre.

Sur ce diagramme cosmologique, illustrant un manuscrit turc du XVIe siècle, les sphères des sept planètes (identifiées par des figures allégoriques renvoyant aux dieux païens dont elles portent les noms) sont dessinées dans

l'ordre que leur assigne Ptolémée : Lune, Mercure, Vénus, Soleil, Mars, Jupiter, Saturne. La huitième sphère est celle des étoiles fixes, représentées par les signes du zodiaque. Quant à la neuvième sphère, affectée d'un mouvement diurne, elle est l'ordonnatrice des jours et des nuits. La figuration d'anges est là pour rappeler que des conceptions cosmologiques font de ces personnages célestes les moteurs des astres.

Ils s'efforcèrent aussi de placer la médecine, non considérée par Aristote comme une science, mais comme un « art » (*technè*). La classification d'al-Fârâbî distingue cinq sciences principales : la science de la langue, la théologie ou métaphysique, la mathématique, la science de la nature ou physique, la science politique. La science mathématique est formée de sept parties. Outre l'arithmétique et la géométrie, elle comprend l'optique, la science des astres subdivisée en astrologie et astronomie, la musique, la science des poids et enfin « la science des procédés ingénieux » (*'ilm al-hiyal*). Cette dernière catégorie inclut l'algèbre et ce que nous appellerions aujourd'hui technologie, avec pour dénominateur commun l'application du résultat de démonstrations mathématiques. Al-Fârâbî ne fait pas de place à la médecine. Avicenne, médecin lui-même, la considère comme une science dérivée de la physique. Dans un ensemble qui établit des relations systématiques entre les disciplines composant la philosophie, avec à son sommet la métaphysique, il trouve tout naturellement une place à l'algèbre, classée sous la science du nombre, partie de la mathématique, tandis que l'optique, avec la science des poids et la science des procédés ingénieux, est placée sous la géométrie.

Les ouvrages d'Aristote sur les animaux, qui incluent des développements sur l'anatomie et la physiologie humaines, alimentèrent à la fois la médecine et la zoologie arabes. Dans ce dernier domaine, une place à part revient à al-Jâhiz (776-869), qui, né à Bassora, séjourna à Bagdad et à Samarra, où il entra en relation avec les califes, notamment al-Ma'mûn. De caractère essentiellement littéraire, non dépourvues d'une verve satirique, ses œuvres ont une visée politico-religieuse, défendant les thèses mutazilites. Son ample *Livre des animaux*, qui insère ici ou là des références à Aristote, mêle des considérations de nature zoologique à des digressions sur la morale ou la religion. Source d'informations, d'édification et de divertissement, il donna lieu à de riches illustrations (ci-contre).

Ptolémée

Parmi les œuvres du mathématicien, astronome et géographe Claude Ptolémée (vers 90-vers 168) traduites en arabe, la *Syntaxe mathématique* occupe une place centrale. L'autre titre donné à cette somme de l'astronomie, *Almageste* (du grec *megistè*), signifie d'ailleurs « la très grande ». Plusieurs versions en syriaque et en arabe en ont été élaborées.

Les astronomes arabes se sont appliqués, dès l'époque d'al-Ma'mûn, à vérifier, adapter et au besoin modifier les résultats donnés par Ptolémée pour les positions des astres, grâce à des observations et à des calculs. L'évaluation des variations induites par le phénomène de précession des équinoxes faisait partie de ces vérifications. Sans remettre en cause le géocentrisme sur lequel repose le système de Ptolémée, la lecture de l'*Almageste* donna lieu à une analyse critique et à des solutions alternatives. Ibn al-Haytham dans son *Livre des doutes sur Ptolémée* relève des contradictions internes. Dans sa *Correction de l'*Almageste, Jâbir ibn Aflah propose de modifier l'ordre ptoléméen des planètes, en faisant de Mercure et de Vénus des planètes supérieures au Soleil, et non plus inférieures. Al-Bitrûjî tente de concilier l'astronomie mathématique avec la réalité physique, telle qu'elle est décrite par Aristote, en revenant à un strict système de sphères homocentriques.

Les astronomes de Marâgha modifièrent de façon plus radicale les modèles fournis par l'*Almageste* pour les mouvements en longitude

Trois traductions arabes de l'*Almageste* de Ptolémée (ci-dessous) sont conservées, parfois combinées entre elles : la première élaborée par al-Hajjâj vers 827-828 sur l'ordre du calife al-Ma'mûn, la deuxième due à Ishâq ibn Hunain et révisée par Thâbit ibn Qurra vers 892 ; quant à la troisième, il s'agit d'une nouvelle rédaction réalisée, au milieu du XIIIe siècle, par Nasîr al-Dîn al-Tûsî, à partir de la version d'Ishâq-Thâbit.

des planètes. Alors que l'astronomie actuelle enseigne que les planètes du système solaire tournent autour du Soleil selon des orbites en ellipses, Ptolémée conçoit un dispositif complexe destiné à garder à la Terre son immobilité au centre de l'univers, à n'envisager que des mouvements circulaires, considérés comme les plus adaptés au ciel en raison de leur perfection, et à préserver l'uniformité de mouvements en apparence irréguliers. Pour pallier les inconvénients de ce système, Nasîr al-Dîn al-Tûsî conçoit un modèle formé de deux sphères tangentes, une petite à l'intérieur d'une grande, afin de rendre compte d'une oscillation d'un point donné sur une même ligne, par la combinaison de mouvements circulaires. D'après ce modèle, dit « couple de Tûsî », la petite sphère a une rotation deux fois plus rapide que la grande et selon la direction opposée. Dans la prolongation des travaux accomplis à Marâgha, Ibn al-Shâtir propose un modèle, strictement géocentrique, faisant abstraction des déférents excentriques. Il imagine un système d'épicycles secondaires, formé d'une série de sphères s'entraînant l'une l'autre, auxquelles il attribue des positions, des directions et des vitesses appropriées.

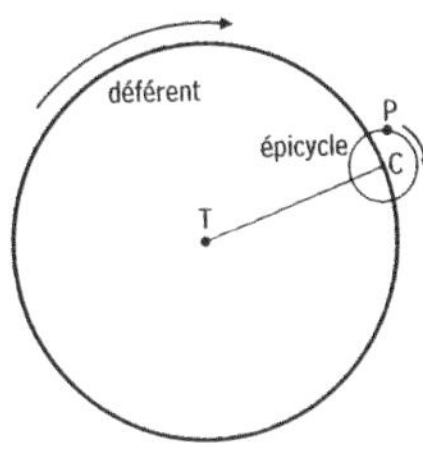

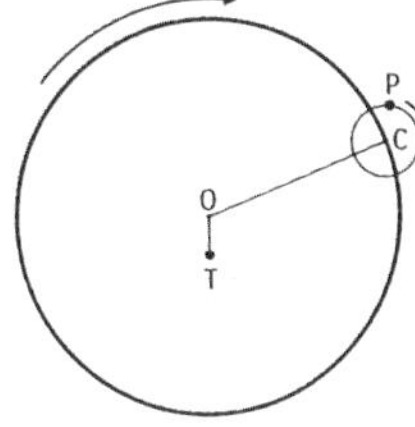

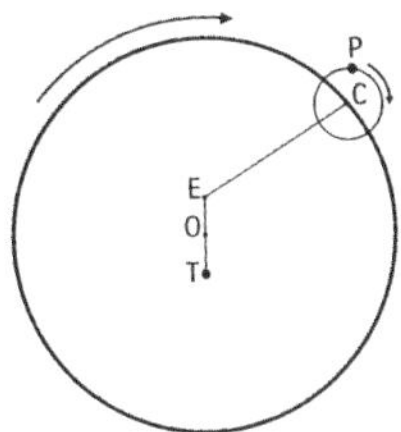

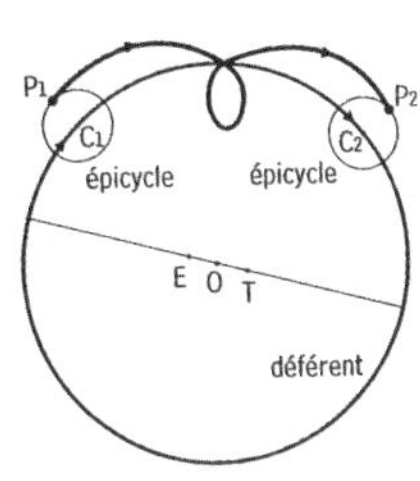

Les modèles mathématiques utilisés par Ptolémée pour rendre compte des mouvements apparents des planètes sont fondés sur la combinaison d'une série de cercles. L'épicycle est le cercle sur lequel est mue la planète, tandis que le centre de ce cercle (C) suit le parcours d'un autre cercle, le déférent, dit excentrique, car son centre (O) ne correspond pas à celui du centre du monde (T, la Terre). L'apparence d'irrégularité du mouvement des planètes sur l'épicycle est sauvée par la référence à un autre centre, dit centre de l'équant (E). Les trois centres ainsi définis se trouvent sur une même ligne, qui suit le mouvement lent de rotation de la sphère des étoiles fixes autour du centre du monde. Valable pour les trois planètes considérées comme supérieures au Soleil (Jupiter, Mars et Saturne), ainsi que pour Vénus, ce modèle général est simplifié pour le Soleil, qui se déplace autour de la Terre sur un cercle excentrique ; il comporte des particularités pour la Lune, qui n'a pas d'équant, et il se complique beaucoup pour Mercure.

Euclide

Composés au IIIe siècle av. J.-C., les *Éléments* d'Euclide ont déjà une longue histoire lorsque leur texte grec, maintes fois copié, remanié et commenté, est transmis au monde musulman. Les versions arabes s'entremêlent en un réseau encore plus touffu que les traductions de l'*Almageste*. S'y retrouvent, au milieu d'autres moins bien identifiés, les mêmes principaux intervenants : al-Hajjâj pour deux traductions successives, l'une effectuée pour Hârûn al-Rashîd, l'autre au temps d'al-Ma'mûn, Ishâq ibn Hunain et son réviseur Thâbit ibn Qurra, Nâsîr al-Dîn al-Tûsî pour une rédaction datant de 1248, suivie d'une autre plus longue, due à un probable disciple, peut-être son fils, communément appelé le « pseudo-Tûsî ». À cela s'ajoute une cinquantaine de résumés, abrégés, commentaires.

La lecture de ce texte classique est appuyée par d'autres écrits de mathématiciens grecs : *De la mesure du cercle* et *De la sphère et du cylindre* d'Archimède (mort en 212 av. J.-C.), *Les Coniques* d'Apollonios de Perga (vers 262-vers 180 av. J.-C.), pour ne citer que les principaux. Comme leurs prédécesseurs grecs et les mathématiciens occidentaux jusqu'au XIXe siècle, les auteurs arabes portent leur attention sur le cinquième postulat du livre I des *Éléments*, postulat dit « des parallèles » ou « postulat d'Euclide », dont l'énoncé

Si Ptolémée, parfois confondu avec un ancien roi d'Égypte, renvoie à l'imaginaire du mage, sachant lire les secrets des astres, Euclide et son compas (ci-dessus) symbolisent, en Orient comme en Occident, l'ordre et la mesure avec lesquels Dieu a conçu le monde.

moderne depuis le remaniement élaboré par le mathématicien Playfair au XVIIIe siècle est bien connu : « Par un point du plan on ne peut mener qu'une parallèle à une droite. » Formulé par Euclide de manière plus complexe, ce postulat donne lieu à des tentatives de démonstration de la part de Thâbit ibn Qurra, Ibn al-Haytham, 'Umar al-Khayyâm, Nasîr al-Dîn al-Tûsî (et bien d'autres), qui font partie de la préhistoire des géométries non euclidiennes.

La question de la constructibilité des figures à la règle et au compas mène à l'utilisation de sections coniques (paraboles, ellipses, hyperboles). Dans ce contexte, al-Qûhî conçoit un instrument spécial, appelé « le compas parfait », dont l'une des branches a une longueur variable, tandis que l'autre, de longueur fixe, fait un angle constant avec le plan du tracé. Le calcul des aires et des volumes curvilignes, les recherches sur les figures isopérimétriques (de même périmètre), la mesure du cercle pour laquelle al-Kâshî dans son *Traité de la circonférence* améliore la valeur de π, en la conduisant jusqu'à la dix-septième décimale, font partie des intérêts principaux en géométrie.

Bien qu'exprimés selon une terminologie géométrique, tous les livres des *Éléments* d'Euclide ne sont pas de nature géométrique. C'est ainsi que la lecture du livre V mène 'Umar al-Khayyâm et un de ses contemporains andalous à reformuler la notion de rapport, celle du livre X à une arithmétisation de grandeurs géométriques. Quant à la lecture des livres VII à IX, dits « arithmétiques », elle interfère avec les recherches arabes sur la théorie des nombres. Enfin, les *Éléments* d'Euclide intéressent les philosophes à divers égards : la méthode de raisonnement, les questions du continu et de l'infini, sujets rencontrés également à la lecture d'Aristote.

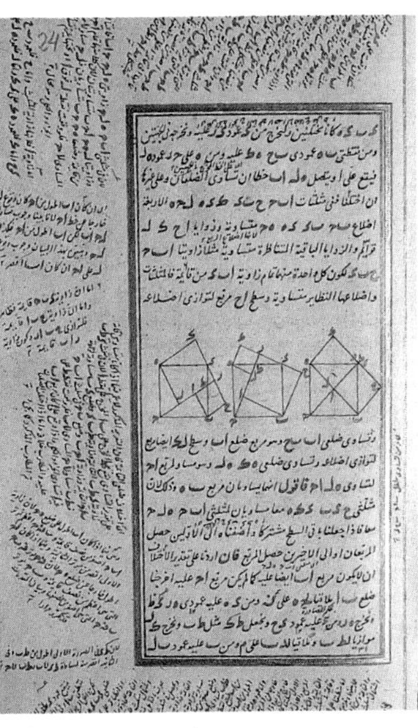

Plus qu'un texte d'auteur, dont l'authenticité originale doit être respectée, les *Éléments* d'Euclide constituent « le » livre de géométrie par excellence. Certains remaniements visent à le rendre plus accessible aux débutants. Dans d'autres cas, comme dans la version d'al-Tûsî (ci-dessus), l'ouvrage, réinterprété, sert de support à une recherche, qui se prolonge dans les marges des manuscrits. De nouveaux énoncés de démonstrations sont ainsi proposés, de nouvelles notions introduites, en des variations multiples.

Hippocrate et Galien

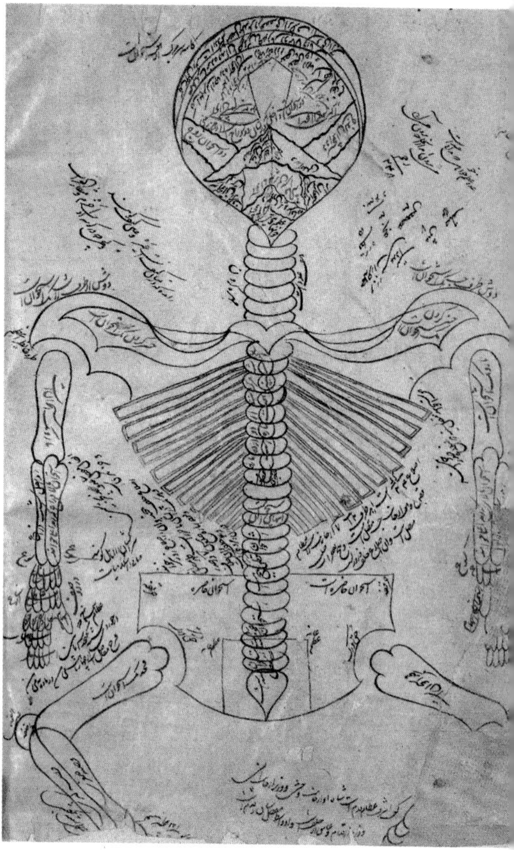

Considéré sans équivoque comme le fondateur de la médecine, Hippocrate de Cos (vers 460-vers 377 av. J.-C.) était surtout connu pour des préceptes ou *Aphorismes*, qui servirent de guide à tout médecin arabe. D'autres textes réunis sous son nom exercèrent une influence sur deux registres. Le traité *Airs, Eaux, Lieux* a incité à une prise en compte de l'environnement naturel, des conditions climatiques : le traité d'Ibn Ridwân sur la salubrité de l'Égypte en fournit l'une des nombreuses illustrations. Quant aux livres des *Épidémies*, un ensemble dû à plusieurs auteurs hippocratiques de diverses époques, leurs descriptions de maladies dans un lieu et un temps donnés servirent de modèles, remarquablement mis à profit par al-Râzî.

Placée sous la figure tutélaire d'Hippocrate, la médecine arabe n'en tire pas moins l'essentiel de ses fondements des œuvres de Galien, le médecin grec du IIe siècle qui exerça à Pergame et à Rome. De même que Ptolémée ou Euclide, Galien ne fut pas lu de manière passive. Des infléchissements furent apportés par Avicenne dans son *Canon*, des critiques furent avancées. Al-Râzî écrit un *Livre des doutes sur Galien*, dans lequel il relève des contradictions logiques. Averroès, dans son *Livre des généralités de la médecine* se montre plus

Les chapitres anatomiques du *Canon* d'Avicenne livrent un résumé synthétique de l'ouvrage de Galien *De l'utilité des parties du corps*. Sans souci de réalisme, ce schéma, qui illustre un exemplaire du *Canon* copié au XVIIe siècle, insiste sur la structure géométrique du squelette.

radical, avec le souci de rendre les théories galéniques plus conformes aux positions d'Aristote. Malgré ces infléchissements et ces critiques, la physiologie, comme les principes de la pathologie et de la thérapeutique restent, dans les œuvres arabes, galéniques pour l'essentiel.

Quelques innovations intervinrent en anatomie. Né et mort à Bagdad, l'érudit 'Abd al-Latîf al-Baghdâdî (1162-1231) enseigna la médecine à Damas et séjourna au Caire. Dans un ouvrage de géographie, il décrit la famine dont il fut le témoin en Égypte en 1200-1201. L'observation des nombreux ossements entassés des personnes mortes de faim lui permit de conclure, contrairement à Galien, que la mâchoire inférieure ne consistait qu'en un seul os. Plus avant dans le XIIIe siècle, est-ce l'observation ou la déduction logique qui a mené Ibn al-Nafîs à décrire, dans un commentaire aux parties anatomiques du *Canon* d'Avicenne, la circulation pulmonaire, ou petite circulation ? Il est difficile d'en décider, car il indique dans son prologue ne pas avoir disséqué de cadavres, par respect religieux et humain.

Tout en étant considéré comme le père d'une médecine rationnelle, Hippocrate prend volontiers les aspects d'un héros de légende, en tant que premier découvreur des médicaments (miniature persane ci-dessus).

Représenté dans ce manuscrit du XVe siècle à la droite de Galien (troisième en partant de la gauche), Platon est considéré comme une autorité médicale, à la fois pour sa description du corps humain dans le *Timée* et pour des écrits médicaux qui ne peuvent pourtant être attribués au célèbre philosophe.

Les apports non grecs

Outre d'éventuelles permanences ou résurgences d'un fonds égyptien, babylonien, proprement arabe ou latin (en Espagne), et quelques influences chinoises, ce furent les apports indiens qui se mêlèrent de manière significative à la recherche de la science grecque. Appelée « calcul indien », la nouvelle arithmétique en porte le témoignage le plus important. Selon les historiens arabes, en particulier le cadi Sâ'id de Tolède, des textes d'astronomie indienne, datant des VIIe et VIIIe siècles, arrivèrent à Bagdad du temps d'al-Mansûr. La transmission en est perceptible dans la « Table indienne » d'al-Khwârizmî, qui n'est conservée que dans une version latine du XIIe siècle, elle-même élaborée à partir de la révision effectuée à Cordoue par Maslama al-Majrîtî. L'un des apports indiens durables de ces textes d'astronomie est l'introduction dans les calculs trigonométriques du sinus. En médecine, 'Alî ibn Sahl al-Tabarî, dans son livre *Le Paradis de la Sagesse* dédié en 850 au calife al-Mutawakkil, consacre un chapitre à la médecine indienne. Mais c'est plus dans l'importation de substances médicamenteuses que l'influence indienne est perceptible dans le domaine médical.

La fixation des heures de prières revenait essentiellement au muezzin, chargé de l'appel rythmant les journées. Toutefois, à partir du XIIIe siècle, notamment au Caire, la tâche put être confiée à un astronome professionnel (le *muwaqqit*). Des savants de renom occupèrent cette fonction, au XIVe siècle, à la mosquée des Omeyyades de Damas (ci-dessus).

Sciences des Anciens et sciences musulmanes

Du fait qu'elles tirent leur origine de cultures antérieures à l'Islam, les sciences profanes sont intitulées « sciences des Anciens » (*'ulûm al-awâ'il*), pour les distinguer des sciences musulmanes, formées par l'exégèse coranique, la grammaire et le droit. Les relations entre les unes et les autres furent ouvertes, tendues ou mitigées, suivant les lieux, les temps, les hommes. Encouragée au départ par les califes abbassides, l'ouverture aux « sciences des Anciens » n'était pas menée en opposition aux sciences musulmanes. L'exégèse coranique, le rassemblement des *hadith* (les paroles attribuées à Mahomet), l'élaboration de la grammaire et du droit ne négligeaient pas l'appel à la logique.

« Cherchez la science, même en Chine », « La quête de la science est un devoir pour tout musulman ». Attribués avec plus ou moins de vraisemblance, suivant le cas, à Mahomet, de tels propos pouvaient être compris comme un encouragement ou non à la curiosité scientifique. Tout dépendait, en effet, du sens accordé au mot « science », que d'aucuns restreignaient aux connaissances strictement reliées à la religion et à la vie musulmane. Des épisodes de tri destructeur dans les bibliothèques ont existé. Au XIIe siècle, le théologien et mystique al-Ghazâlî pose des limites à l'investigation philosophique et scientifique, en une critique des philosophes à laquelle répondit Averroès. Lorsqu'elle était encouragée pour des motifs religieux, la science profane n'était-elle pas trop canalisée ? Par exemple, son application aux besoins de la société musulmane joua-t-elle un rôle stimulant ou, au contraire, limita-t-elle le champ des curiosités ? Autant de questions qui exigent des réponses nuancées : les rapports entre science et religion ne sont simples dans aucune civilisation.

Des savants s'illustrèrent autant dans les sciences profanes que religieuses. De manière générale, la philosophie et la science arabes furent construites, avec des variantes nombreuses, pour s'accorder avec le sens de la révélation coranique, mais le plus souvent de manière non explicitée. Certaines œuvres firent la synthèse entre le religieux et le profane.

Recherchées pour leur intérêt intellectuel propre, pour accroître le prestige de l'Islam ou pour comprendre la création divine, les « sciences des Anciens » furent mises au service de la loi musulmane dans des cas précis : la détermination de la *qibla*, l'établissement du calendrier et des heures de prière, les partages successoraux et leurs redoutables problèmes d'arithmétique.

La péninsule arabique préislamique avait déjà connu une tradition astronomique fondée sur l'étude des apparitions et disparitions d'étoiles sur l'horizon, selon les périodes de l'année. Elle permettait notamment les prédictions météorologiques. Si cette tradition ne fut pas complètement abandonnée, l'astronomie, particulièrement étudiée en pays d'Islam, se développa sur des bases éminemment scientifiques, s'enrichissant des progrès réalisés en mathématiques.

CHAPITRE 3

CALCULS ET MESURES

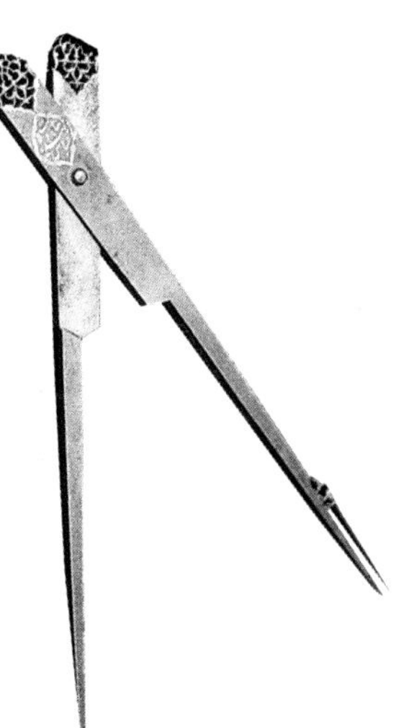

Avec en son centre le sablier symbolisant la nécessaire mesure du temps, la panoplie des instruments utilisés au XVIe siècle dans l'éphémère observatoire d'Istanbul (à gauche) montre le lien étroit entre astronomie et mathématiques. Ci-contre, compas en acier.

Arithmétique et algèbre

Le français « algorithme » vient du latin médiéval *algorismus* forgé à partir du nom d'al-Khwârizmî, l'introducteur dans la Bagdad du IXe siècle du « calcul indien ». L'ouvrage qu'il avait consacré à ce sujet n'est aujourd'hui conservé qu'à travers des adaptations latines. Avec le « calcul indien » s'impose la numération décimale de position, faisant intervenir neuf chiffres et le zéro, représentés par des signes graphiques, et permettant des opérations arithmétiques, à la base de celles que nous faisons, avec quelques variantes, toujours aujourd'hui.

Pour la pesée des marchandises (ci-dessus, au Caire à l'époque fatimide) ou la conversion des résultats dans les diverses unités de poids, la transmission orale de méthodes de calcul mental et digital l'emporte. Des rencontres avec l'arithmétique savante intervinrent toutefois en une fécondation mutuelle.

Au départ, les opérations étaient effectuées sur une tablette recouverte de sable ou de poussière, en effaçant au fur et à mesure les résultats intermédiaires. L'usage progressif de tablettes de cire et d'un stylet, et surtout de l'encre et du papier, permit de garder ces résultats (qu'il suffisait de barrer), afin de les vérifier et, au besoin, de les corriger. L'introduction de ces méthodes ne balaya pas pour autant d'autres pratiques en vigueur : la numération à l'aide des lettres de l'alphabet (appelée *abjad*), le calcul digital, la conservation de la base sexagésimale coexistèrent.

Simultanément à l'adoption du « calcul indien », la théorie des nombres se fonde sur l'interprétation des textes traduits du grec, de Nicomaque de Gérase (Ier siècle) et de Diophante (IIIe ou IVe siècle). Les recherches sur les nombres parfaits, premiers, amiables (caractérisés par l'égalité de la somme de leurs diviseurs), sur les suites de nombres entiers se développent. La voie des mathématiques infinitésimales est empruntée à l'occasion des questions que pose la lecture d'Euclide sur les grandeurs géométriques incommensurables et les nombres irrationnels.

La traduction par Qustâ ibn Lûqâ des *Arithmétiques* de Diophante est teintée du vocabulaire algébrique introduit par al-Khwârizmî dans son traité sur *al-jabr* et *al-muqâbala*, fondateur de l'algèbre arabe. Utilisé aussi en chirurgie pour désigner la remise en place des fractures et luxations, *al-jabr* (« restauration »), qui a donné le français « algèbre », réfère à la transposition de termes réalisée entre les deux parties d'une équation. Par exemple, en l'exprimant sous une formulation moderne, on passe de $x^2 + 50 - 10x = 29$, à $x^2 + 50 = 29 + 10x$. Le second mot, *al-muqâbala* (« rencontre, comparaison ») désigne l'opération qui consiste à réduire les termes semblables. Dans l'exemple pris ci-dessus, on passe à $x^2 + 21 = 10x$. Al-Khwârizmî conçoit cette nouvelle discipline, qui porte sur le calcul avec inconnues, pour ses applications à des grandeurs géométriques et à des nombres, dans les domaines pratiques des échanges commerciaux, des héritages ou de l'arpentage. Il énumère six formes d'équations canoniques du premier et du second degré.

Les possibilités de l'algèbre ne cessèrent d'être développées aux

Dans cet extrait d'une table pour les heures de prières associée au nom d'al-Khwârizmî, les chiffres arabes (colonne de droite) apparaissent sous la forme orientale qu'ils ont conservée aujourd'hui, à l'exception du 4 (dans 14, en huitième position à partir du haut). Bien que l'écriture arabe se lise de droite à gauche, l'habitude de commencer par énoncer dans un nombre d'abord les unités (par exemple, sept-dix, pour dix-sept) aboutit à une représentation graphique qui donne le même ordre des chiffres que dans le contexte de l'alphabet latin. Les auteurs arabes appelaient eux-mêmes ces chiffres « lettres de l'Inde ». Parmi les opérations de base, outre l'addition, la soustraction, la multiplication et la division, étaient distingués la duplication et le partage en deux moitiés. Dans la genèse et le développement de l'arithmétique arabe, les éléments indiens, grecs et byzantins se combinent à un ancien fonds babylonien et égyptien.

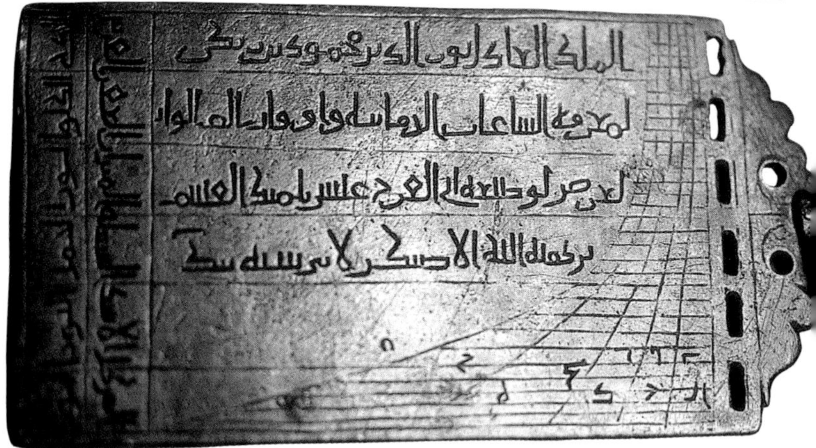

siècles suivants, avec l'Égyptien Abû Kâmil (vers 850-vers 930), puis al-Karajî (sur la vie duquel on ne sait rien), 'Umar al-Khayyâm, Samaw'al al-Maghribî, Sharaf al-Dîn al-Tûsî (vers 1135-vers 1213), al-Kâshî, pour ne citer que les principaux noms. Les avancées portèrent sur l'analyse indéterminée, l'algèbre des polynômes, les équations cubiques. On doit aux algébristes l'invention des fractions décimales, qui voit son point d'aboutissement avec al-Kâshî. De manière générale, l'algèbre joue un rôle structurant au sein des mathématiques. Il faut rappeler que, mises à part les ébauches maghrébo-andalouses des XIVe et XVe siècles, notamment par al-Qalasâdî, l'algèbre arabe s'est déployée sans recours à une écriture symbolique, mais sous la forme de phrases.

Les recherches menées par les grammairiens sur les multiples combinaisons de lettres qui forment le vocabulaire arabe ont rencontré les travaux des algébristes. Des mathématiciens, depuis al-Karajî jusqu'à al-Fârisî à Marâgha (mort vers 1320) et Ibn al-Bannâ au Maghreb, ont ainsi développé le champ de l'analyse combinatoire. Y apparaît le recours à un tableau numérique triangulaire, comparable à celui dit « de Pascal », pour déterminer la formule permettant de calculer le nombre de combinaisons p fois p de n objets.

Ce cadran solaire est le plus ancien cadran vertical conservé. Fabriqué en Syrie en 1159-1160, il porte une dédicace à Nûr al-Dîn. Tenu à la main dans un plan perpendiculaire à celui du soleil, il sert à la détermination des heures de prières à partir des heures saisonnières. L'ombre de l'extrémité du gnomon se projette sur des lignes tracées pour la latitude de Damas, sur une face, d'Alep, sur l'autre. Nombre de traités abordent la conception théorique des cadrans solaires, tel celui (à droite) que composa le mathématicien, astronome et médecin andalou Ibn al-Raqqam (mort en 1315).

Trigonométrie

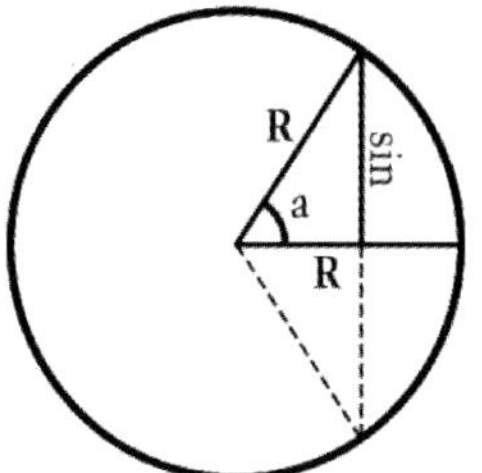

Le sinus indien correspond à la moitié de la corde de l'arc double. Pour un angle *a*, la correspondance entre la corde grecque et le sinus indien s'exprime par la formule R corde $2a = 2R \sin a$, dans laquelle R renvoie au rayon du cercle de référence.

La résolution des éléments d'un triangle plan ou sphérique est essentielle à l'établissement de nombreux paramètres en astronomie, fondés sur des mesures d'angles. Elle intervient aussi pour la détermination de la *qibla*, en gnomonique ou théorie des cadrans solaires, ces instruments pourvoyeurs des heures de prières dans les villes de l'Islam. Bénéficiaire des progrès de l'algèbre, la trigonométrie en retour développa des méthodes d'interpolation et d'approximation.

Emprunté à l'astronomie indienne, le sinus se substitue à la corde d'arc (segment sous-tendant un arc de cercle), seule utilisée par Ptolémée. Le mot même de « sinus » contient en lui la genèse de la trigonométrie : la traduction en sanscrit du grec signifiant « corde » fut transposée phonétiquement en arabe et vocalisée en *jayb*, qui désigne par ailleurs une poche, une fente ou un repli de vêtement. Cette dernière image fut rendue en latin médiéval par *sinus*. Dès le IXe siècle, les astronomes arabes ajoutent aux fonctions trigonométriques de la tradition indienne celle de tangente. À partir du XIe siècle, la démonstration du théorème des sinus pour les triangles plans, qui établit des règles de proportionnalité entre les côtés et les sinus des angles opposés, et la découverte d'autres théorèmes applicables aux triangles sphériques sont au centre des recherches, notamment d'un al-Bîrûnî dans ses *Clefs de l'astronomie*.

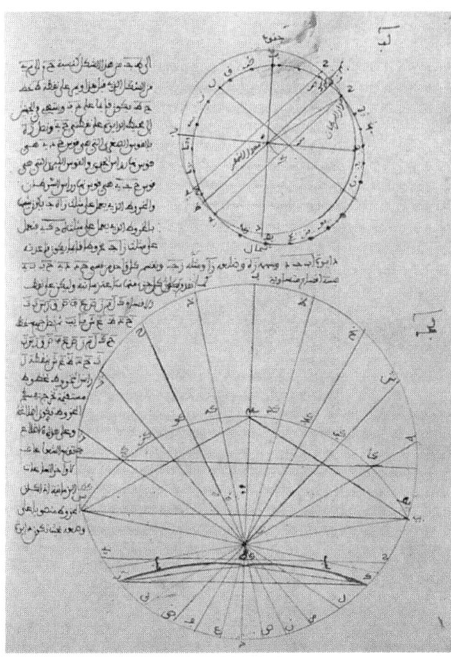

À la pureté des lignes de l'architecture islamique répond la virtuosité exubérante de ses décors. Quelles que soient la région, la période, les influences reçues, la géométrie s'impose avec expertise. Motifs en étoiles, polygones savamment agencés, combinaisons multiples de droites et de courbes, entrelacs de la calligraphie assurent, malgré leur diversité inventive, la continuité d'une esthétique. Cette passion pour la géométrie, qui valorise l'ingéniosité autant que l'abstraction, ne s'explique pas seulement par les réticences musulmanes à l'égard de la représentation de la figure humaine et des êtres vivants. Alors qu'une symbolique cosmologique est souvent reconnaissable, les jeux de l'ombre et de la lumière, le savant filtrage qu'assurent les claustras, ne sont pas sans rapport avec l'essor de l'optique, science des effets de la lumière, mais aussi des apparences et des illusions. Un dialogue s'instaure ainsi entre science et art.
Page de gauche, mosaïque de la mosquée de Fès; ci-dessus, coupole ajourée de celle de Bagdad;ci-contre, décor d'une porte de madrasa à Bagdad.

Les efforts tendent à simplifier les calculs qu'induisent les propositions du Grec Ménélaos (Ier siècle). Le recours à un procédé analogue au triangle polaire conçu en Occident par François Viète en 1593 apparaît déjà dans l'œuvre du maître d'al-Bîrûnî, l'émir Abû Nasr ibn 'Irâq (mort vers 1036). La synthèse des acquis en trigonométrie plane et sphérique est réalisée dans le *Livre sur le théorème et la sécante*, que compose en 1260 Nasîr al-Dîn al-Tûsî d'abord en persan et qu'il traduit lui-même en arabe, premier ouvrage à présenter l'étude de la résolution des triangles de manière autonome.

Le recours à l'algèbre mène à améliorer la précision numérique des tables trigonométriques, déterminantes pour les calculs astronomiques. Al-Kâshî met au point un algorithme pour le calcul de *sin* 1°. Achevé en 1440, quelques années après la mort de ce mathématicien, le recueil d'Ulugh Beg intègre des tables de sinus et de tangentes d'une exactitude jamais atteinte jusqu'alors.

Le recueil de tables, composé vers 1365 par le *muwaqqit* de la mosquée des Omeyyades, al-Khalîlî, porte à son sommet la recherche de solutions mathématiques aux problèmes de l'astronomie sphérique. En particulier, la table pour la détermination de la *qibla* (ci-dessus) est d'une remarquable qualité.

« Zîj » et instruments d'astronomie

En se fondant sur les traditions grecque et indienne, les astronomes arabes se sont appliqués à vérifier et adapter les coordonnées fondamentales. Ils ont consigné leurs résultats dans des traités accompagnés de tables, appelés *zîj* (mot d'origine persane), qui atteignent parfois plusieurs centaines de pages. Les manuscrits conservés se comptent

Fabriqué en 1145, ce globe se réfère à al-Sûfî pour les constellations. Des bandes graduées marquent l'écliptique et l'équateur céleste.

par milliers, portant témoignage de la permanence de cette tradition, puisque le plus grand nombre est datable du XVe au XIXe siècle. Les tables présentent, la plupart du temps en système de numération alphabétique *abjad*, différents types de coordonnées : chronologiques, trigonométriques, géographiques, astronomiques ou astrologiques. Des tables de multiplication sexagésimale sont parfois jointes. Les coordonnées astronomiques, qui forment le noyau central, portent sur les mouvements moyens en longitude, les équations solaires, lunaires et planétaires, les latitudes et les stations des planètes, la parallaxe, les éclipses, la visibilité de la Lune et des planètes, ainsi que sur les étoiles fixes. Leur utilisation était de divers ordres : outre l'activité astronomique proprement dite, elles servaient à l'établissement du calendrier, à la détermination de la *qibla* ou de la visibilité du croissant de Lune, sans oublier le travail des astrologues. Le perfectionnement des tables mettait en œuvre pour une large part des

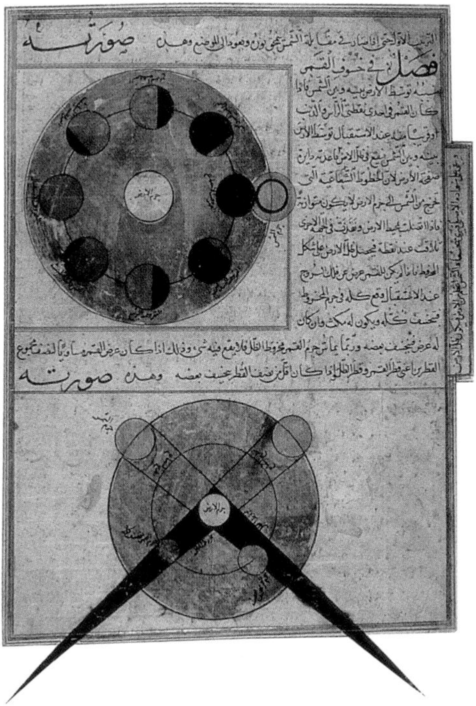

Rédigée en Irak, l'encyclopédie très diffusée d'al-Qazwînî (1203-1283), *Merveilles de la création et les étrangetés des êtres,* vulgarise les connaissances cosmologiques. Dans ce manuscrit du XIVe siècle, le phénomène des éclipses est représenté par des cônes d'ombre résultant des positions particulières du Soleil et de la Lune par rapport à la Terre (au centre).

méthodes de calcul, mais aussi des vérifications à l'aide d'observations. La conception d'instruments monumentaux et la construction d'observatoires de grande ampleur, dont les pays d'Islam furent les pionniers, restèrent exceptionnels. Beaucoup plus répandus, les instruments portatifs incluaient des globes célestes munis d'un axe pivotant pour reproduire de manière analogique le mouvement de rotation, des quadrants de divers types et, surtout, des astrolabes, ces objets emblématiques du niveau atteint par l'astronomie arabe et du savoir-faire des artisans. L'astrolabe sert à mesurer les positions et les hauteurs des astres, à trouver l'heure et la latitude du lieu, ainsi qu'à résoudre des problèmes mathématiques. Il est à la fois instrument d'observation et de calcul. Le type le plus courant est l'astrolabe planisphérique, qui représente sur une surface plane la sphère céleste, grâce à un procédé de projection stéréographique. Cette conversion, faite sur le plan de l'équateur le plus souvent à partir du pôle Sud, donne une image symétrique de ce qui est vu de la Terre. Le principe en était exposé dans

Parmi les nombreux traités sur la construction de l'astrolabe, celui d'al-Bîrûnî (ci-dessous) se signale par son exhaustivité. Y est décrit un astrolabe muni d'un calendrier mécanique, reproduisant les mouvements du Soleil et de la Lune.

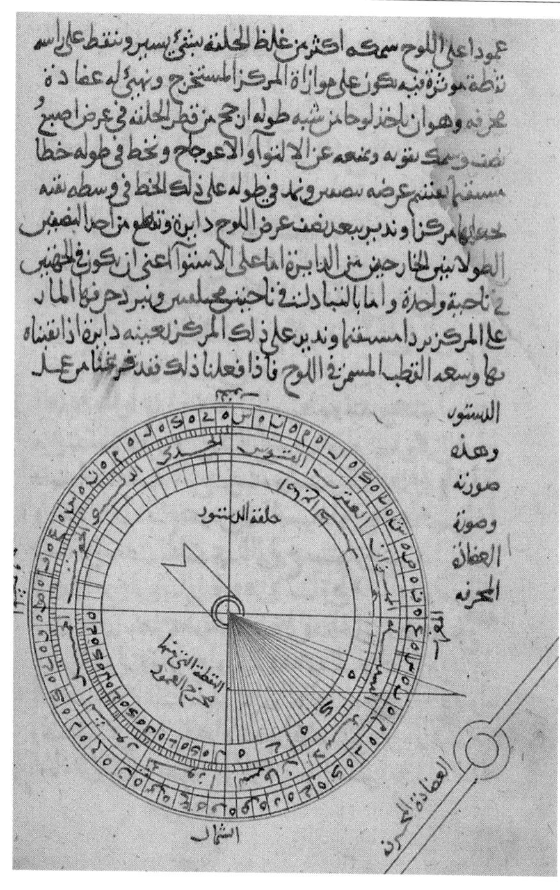

le *Planisphère* de Ptolémée, qui aujourd'hui n'est plus conservé qu'en arabe et en latin. Les traités en grec de l'Alexandrin Jean Philopon (vers 490-vers 566) et en syriaque de Sévère Sebokht décrivent l'utilisation de l'astrolabe, mais les plus anciens instruments conservés sont arabes. D'après Ibn al-Nadîm, le premier astrolabe aurait été fabriqué à Bagdad dans la deuxième moitié du VIIIe siècle par al-Fazârî.

Les astrolabes planisphériques sont munis d'un jeu de disques ou tympans plus ou moins nombreux, conçus chacun pour une latitude déterminée. Afin de pallier cet inconvénient et de concevoir des astrolabes universels, un procédé de projection fut imaginé par des astronomes tolédans du XIe siècle, dont Azarquiel qui dénomma ce type d'astrolabe *safîha*. Peut-être jamais fabriqué, ou en petit nombre, un astrolabe linéaire sous forme de bâton fut inventé par Sharaf al-Dîn al-Tûsî. S'il exista des astrolabes sphériques et des globes célestes, la sphère armillaire, pourtant de tradition ptoléméenne, fit l'objet de traités, mais aucune fabrication n'en est attestée. Citons enfin le cas exceptionnel de deux mappemondes centrées sur La Mecque : bien que de fabrication tardive (vers et après 1700), dans l'Iran safavide, elles semblent rendre compte d'un procédé de projection et d'une tradition cartographique peut-être antérieurs au XVe siècle.

La plaque de base, ou « mère », d'un astrolabe donne sur son rebord extérieur, terminé par l'anneau de suspension, les degrés du cercle. Les disques, ou « tympans » (quatre ici), s'empilent sur la « mère », porteurs des coordonnées d'une latitude déterminée. Est ensuite superposée, très ajourée, la carte céleste, ou « araignée ». Percées d'un trou central, ces différentes parties sont maintenues par un pivot, qui porte sur le dos de l'astrolabe une règle de visée, l'« alidade ».

L'optique

Dès le IXe siècle, se développe un intérêt pour le processus de la vision, le rayonnement lumineux,

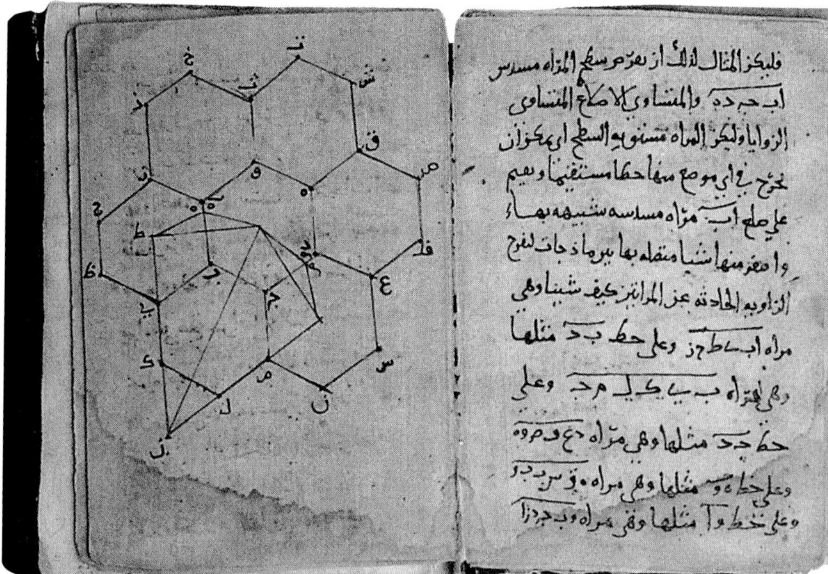

la science des miroirs plans, sphériques, concaves, convexes, ardents, avec notamment Qustâ ibn Lûqâ et al-Kindî. Les phénomènes d'embrasement à distance retiennent l'attention, en raison de leurs possibles applications militaires et des problèmes d'optique géométrique qu'ils posent. Dans un traité écrit à Bagdad vers 984, le mathématicien Ibn Sahl étudie ces phénomènes, à partir d'une source lumineuse qui agit sous l'effet non seulement d'une réflexion sur un miroir, mais d'une réfraction à travers un morceau de cristal. Sa mise en évidence du rapport entre les longueurs du rayon réfracté dans le cristal et du rayon non réfracté dans l'air, jointe à son insistance à réaliser ses expériences toujours avec le même cristal (muni par conséquent d'un indice de réfraction constant), laisse supposer une préfiguration non explicitée de la loi de réfraction dite de Snell-Descartes (ou « loi des sinus »).

Moins d'un siècle plus tard, un renouveau plus profond intervient au Caire avec Ibn al-Haytham, dont l'ouvrage principal prolonge l'*Optique*

Le philosophe du IXe siècle al-Kindî s'intéressa de près à l'optique et, de manière plus générale, aux phénomènes de rayonnement. Dédié à un calife, son traité sur les miroirs ardents fait écho aux travaux d'Anthémios de Tralles (mort vers 534). Ce mathématicien et architecte byzantin rapportait comme véridique la légende de l'incendie par Archimède, grâce à des miroirs, de la flotte romaine. Le manuscrit qui conserve le traité d'al-Kindî (ci-dessus) semble contemporain de son auteur et est peut-être autographe.

de Ptolémée avec des ruptures radicales. Il invalide l'idée d'un flux visuel émis par l'œil. Selon lui, de chaque point de la surface d'un objet perçu, une forme est propagée dans le milieu transparent (tel que l'air) qui le sépare de l'œil. Ce qui irradie ainsi, c'est la couleur lumineuse, à laquelle l'œil est sensible. Les trajets des formes issues de chaque point de l'objet suivent des lignes droites, constituant un cône dont la base est sur l'objet et le sommet au centre de l'œil. Au terme de sa propagation, toujours point par point, à travers les différents composants anatomiques de l'œil, l'apparence de l'objet est reconstituée et transmise au nerf optique. Contrairement à Kepler plus tard, Ibn al-Haytham ne fait pas intervenir, dans le mécanisme de la vision opérée dans l'œil, que des phénomènes optiques. Il y associe une explication psychologique : les caractéristiques de l'objet, autres que sa luminosité et sa couleur, au nombre de vingt (sa taille, sa configuration, son éloignement, etc.), sont perçues grâce à l'intervention d'une activité mentale, dont le cerveau est le siège et le nerf optique le véhicule. Ibn al-Haytham use d'une méthode novatrice : dans ses recherches sur la réflexion et la réfraction, il met en œuvre un raisonnement inductif, appuyé par l'ébauche d'une démarche expérimentale.

En Europe, l'*Optique* d'Ibn al-Haytham (en latin Alhacen) exerça une grande influence à partir du XIIIe siècle. Il fallut aussi près de deux siècles pour qu'un impact en fût décelé en Orient musulman, dans l'œuvre d'al-Fârisî (mort vers 1320). Lié au groupe des astronomes de Marâgha, ce mathématicien a donné l'une des premières explications correctes de l'arc-en-ciel (miniature ci-dessous), en étudiant le phénomène expérimentalement à l'aide d'une sphère remplie d'eau. Dans les mêmes années (entre 1304 et 1310), le dominicain allemand Dietrich von Freiberg donnait en latin le même type d'explication, de manière indépendante.

مب

Au-dessous de la sphère de la Lune, les quatre éléments façonnent la matière, qu'elle soit inerte ou vivante. Les qualités dont ils ont doté, par leur mélange, les choses de la nature interagissent, causant changements et mouvements. Avec en arrière-plan cette théorie héritée d'Aristote, l'application des mathématiques et le recours aux expériences par les savants de l'Islam visent à mettre la physique au service de l'homme.

CHAPITRE 4

LA MATIÈRE ET LE VIVANT

La recherche d'une utilité sociale est inhérente à la science arabe. À gauche, l'invention d'une machine à pomper l'eau; à droite, la savante pratique de la saignée.

Balances et procédés ingénieux

Appliquée au monde naturel de la matière inerte, la statique (ou « science des poids ») bénéficie particulièrement de cette double démarche, mathématique et expérimentale. Elle s'inscrit dans la tradition archimédienne de l'époque hellénistique. Mettant en œuvre le principe du levier, la balance est à la fois un objet de la vie courante et un modèle théorique. Thâbit ibn Qurra écrit un traité pionnier sur la balance à bras inégaux, du type de la balance romaine, qualifiée de *qarastûn* en référence à l'instrument utilisé par Archimède.

La balance dite « de la sagesse » que décrit vers 1121-1122, dans un ouvrage dédié au sultan Sanjar, al-Khazînî, disciple de 'Umar al-Khayyâm, est plus sophistiquée. Balance à levier aux bras égaux, elle comporte cinq plateaux, dont deux mobiles qui servent avec le poids situé au-dessus du cadran à atteindre le point d'équilibre avant l'étalonnage et la pesée. Elle a la particularité d'être hydrostatique, c'est-à-dire qu'un de ses trois plateaux fixes est destiné à être immergé dans l'eau. Cet astucieux dispositif permet de calculer ce que nous appelons aujourd'hui le « poids spécifique » de métaux et de pierres précieuses, en effectuant des pesées d'un même échantillon à l'air libre et dans l'eau et en évaluant le volume et le poids de l'eau déplacée par l'échantillon qui y a été plongé. Il n'est pas inutile de rappeler que, d'après la légende, c'est en testant la pureté de l'or d'une couronne appartenant au roi de Syracuse qu'Archimède a prononcé son fameux *Eurêka* et découvert le principe de l'hydrostatique qui porte son nom. Empruntant cette même voie, al-Khazînî reprenait les travaux de ses prédécesseurs arabes sur les balances hydrostatiques, tout en explicitant plus clairement l'existence d'un

Grâce à la précision de la « balance de la sagesse » (dessin ci-contre), al-Khazînî établit des tables qui, pour certaines substances, donnent leur poids spécifique correct à 1 % près. La dénomination de l'instrument, non dénuée de charge symbolique, remonte à un prédécesseur d'al-Khazînî dans l'entourage du sultan Sanjar.

rapport constant entre le poids d'une substance et son volume. Prévue pour des usages pratiques, notamment pour déceler les alliages douteux et les faux, cette balance sert de support à une recherche alliant mathématique et réalisation d'expériences, non seulement sur la question des poids spécifiques, mais sur les centres de gravité d'objets à trois dimensions et sur la notion de pesanteur d'un corps.

Dans le domaine des techniques qui reflètent dans le réel les lois de la statique et de la mécanique, les récits de voyageurs ou de géographes sont là pour témoigner des « merveilles » que renferment certaines villes : des horloges à eau (clepsydres) géantes munies de savants mécanismes, des bassins ou des fontaines faisant artistiquement jaillir l'eau, mais aussi des ponts, des barrages et des moulins. Les plans qui ont préparé ces réalisations n'ont guère laissé de traces écrites. Les textes techniques conservés décrivent plutôt, tout en suivant la ligne

« Je partis ensuite pour Hama, une des métropoles importantes de Syrie et une de ses villes merveilleuses dont la beauté est charmante et la grâce exquise. Elle est entourée de jardins et de vergers où tournent des roues hydrauliques pareilles à des astres. »
Les imposantes norias de Hama (ci-dessous) qu'entraîne par son courant le fleuve dit « rebelle » (Nahr al-'Asî), l'ancien Oronte, charment le géographe maghrébin du XIVe siècle Ibn Battûta. Elles étaient déjà en place au IXe siècle.

des mécaniciens alexandrins, des instruments de haute précision, en une virtuosité que l'on pourrait qualifier de récréative ou promotionnelle. À ce type d'écrits appartient le *Livre des procédés ingénieux* des Bânû Mûsâ, dont on sait par ailleurs qu'ils réalisèrent de grands travaux en Irak. Le mot arabe *hilat* (« procédé ingénieux ») est la traduction du grec *mèchanè*, qui lui-même désigne à la fois une machine, une invention et une ruse. Des forces pneumatiques ou hydrauliques, des systèmes complexes d'engrenages sont ainsi mis au service de la conception de mécanismes et d'automates, à la fonction autant ludique qu'utilitaire. Le sommet du genre est atteint avec l'ouvrage que dédie al-Jazarî, en 1206, au souverain de la principauté alors autonome de Diyarbakir (en Anatolie orientale), qu'il sert depuis vingt-cinq ans. À la beauté des dessins est jointe la précision des instructions. S'il n'est pas certain que les « procédés ingénieux » décrits aient tous donné lieu à des fabrications réelles, ils n'en témoignent pas moins de l'importance culturelle accordée à la science et à l'ingéniosité technique.

Alchimie ou chimie ?

À côté de l'application de processus physiques à la matière, le travail sur celle-ci passe par un développement de techniques chimiques. D'un point de vue purement linguistique, il peut paraître inutile de distinguer « alchimie » et « chimie », puisque les deux mots dérivent, par le biais du latin médiéval, de l'arabe *al-kîmyâ'*, d'origine incertaine. Cette distinction a toutefois une signification historique. Elle fait le partage entre les deux manières d'œuvrer sur la matière. L'une, l'alchimie, qui trouve ses sources grecques et byzantines dans l'Égypte

Dans la pratique, des liens étroits unirent les arts de la chimie et de la pharmacie. Des onguents, des collyres, des préparations caustiques destinées à remplacer le fer chauffé pour la cautérisation relèvent de la chimie. La rencontre la plus ordinaire entre les deux techniques passe par la distillation d'eaux ou d'huiles florales. Indissociable de l'art de vivre oriental, l'eau de rose a de nombreux usages thérapeutiques. À la fin du Xe siècle, le médecin andalou al-Zahrâwî décrit quatre manières de la préparer, dont l'une en usage auprès des califes de Bagdad. Il préconise de recourir à des roses sauvages, préférables aux roses de jardin poussant sur des terrains irrigués (ci-dessous extraction de l'essence de rose, miniature arabe, XIVe siècle).

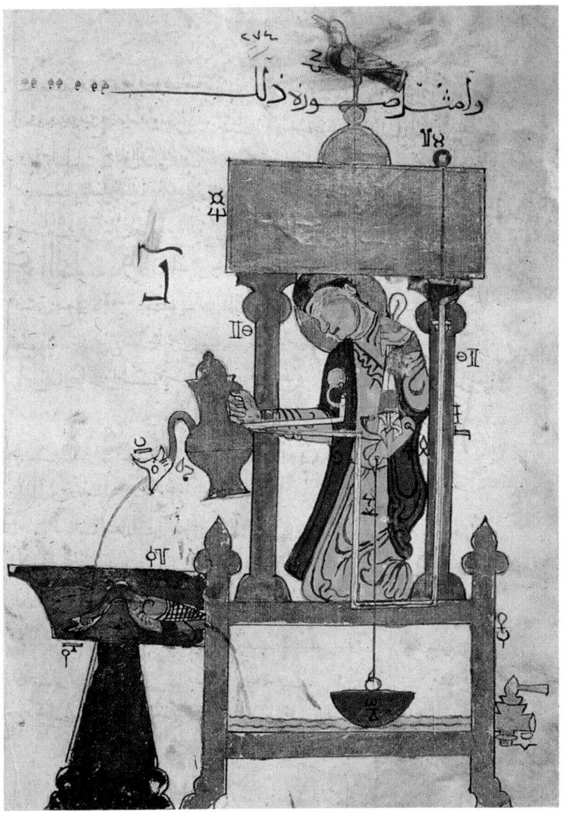

Unique par son inventivité et la qualité de ses illustrations, l'ouvrage d'al-Jazarî décrit des horloges à eau, des récipients divers pour célébrations festives, des fontaines pour se laver les mains (ci-contre), des automates musicaux, ainsi que des machines pour élever l'eau.
Au nombre des inventions techniques qui ne se concrétisèrent sans doute pas, figure un appareil pour peser le sang extrait par la saignée. L'ouvrage d'al-Jazarî s'inscrit dans une tradition technologique dont l'historien n'a pas toutes les clefs.
Cette tradition exerça-t-elle une influence sur les techniques européennes ?
En particulier, le perfectionnement des horloges à eau ou la conception de complexes systèmes d'engrenages inspirèrent-ils, par la voie de l'Espagne, l'invention de l'horloge mécanique à poids, puis à ressort, dans l'Europe chrétienne des XIIIe et XIVe siècles ?
C'est possible, mais non prouvé.

préislamique, a pour horizon la transmutation des métaux, use parfois d'un vocabulaire codé et met souvent en relation des techniques de laboratoire (réelles ou imaginaires suivant les cas) avec les forces du cosmos et le travail intérieur, d'ordre spirituel, que l'artisan réalise sur lui-même. L'autre, la chimie, ne s'attache qu'aux changements provoqués dans la matière par la main de l'homme et des instruments appropriés. L'art de la céramique, la fabrication de pigments, d'encres, de parfums, de produits inflammables et explosifs sont là pour témoigner de pratiques bien réelles, de même que la distillation d'eaux florales, comme la si répandue eau de rose.

Les artisans impliqués dans ce travail se passaient probablement d'une théorie de la matière et de considérations philosophiques. Mais dans les écrits conservés en arabe, alchimie et chimie se mêlent le plus souvent de manière inextricable.

L'une des traditions de l'alchimie arabe part des textes de Jâbir ibn Hayyân et de ses successeurs appartenant au courant religieux ismaïlien. La personnalité de Jâbir demeure énigmatique : on le situe sans certitude au VIIIe siècle, au temps du calife Hârûn al-Rashîd, dont il aurait fréquenté la cour avant de se retirer dans sa région natale du Khorassan. Sur un arrière-plan cosmologique et mystique, l'alchimie « jabirienne » se fonde sur l'idée que tous les métaux proviennent d'une combinaison en proportions variées du soufre et du mercure. Son originalité tient aussi à l'inclusion dans les manipulations de substances non minérales, en particulier animales. La possibilité de génération artificielle d'êtres vivants y est envisagée, en une aspiration que partageront pendant des siècles les alchimistes occidentaux.

Un autre courant est représenté par le médecin al-Râzî, qui évacue tout le versant ésotérique de l'alchimie. Il rend compte strictement des techniques de laboratoire,

La renommée légendaire de Jâbir ibn Hayyân (portrait dans un manuscrit occidental ci-dessous) s'accrut en Europe chrétienne, lorsqu'un alchimiste de la seconde moitié du XIIIe siècle écrivit en latin une imposante *Somme de la perfection*, qu'il attribua faussement à « Geber ».

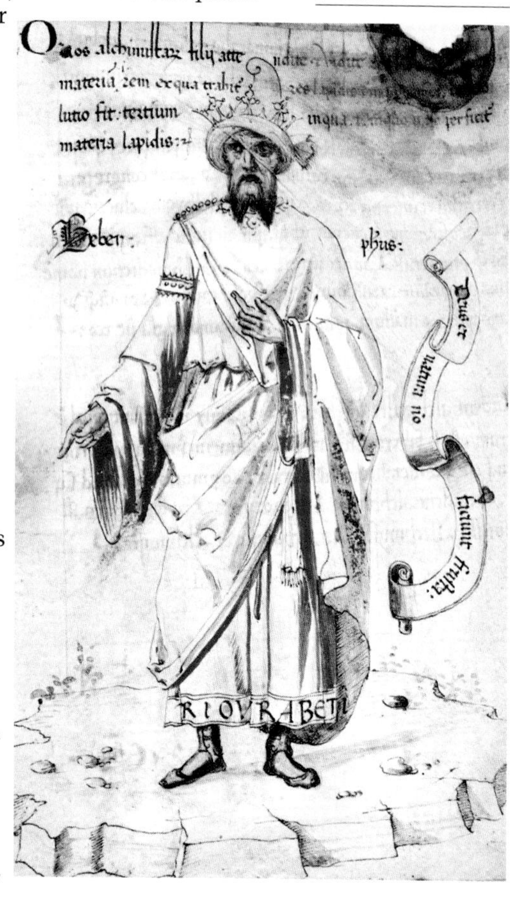

classant les substances naturelles en catégories et inventoriant les différents types d'instruments. La physique des quatre éléments l'incite à croire en la possibilité de la transmutation des métaux. La tâche de l'alchimiste consiste alors à trouver les « élixirs » qui permettront de transformer un métal ordinaire en or ou en argent, du quartz ou du verre en pierres précieuses. La transmutation des métaux fut au centre de polémiques. Avicenne, tout en semblant en réfuter la possibilité, a une position ambiguë d'un ouvrage à l'autre. La condamnation énoncée par l'historien Ibn Khaldûn est en revanche sans appel. Selon lui, les alchimistes ou bien se ruinent en se trompant eux-mêmes, ou bien sont des escrocs, des faussaires, ou encore des mystificateurs, magiciens ou sorciers. D'une part, l'artisan ne peut reproduire les processus naturels que jusqu'à une certaine limite. D'autre part, si elle était possible, la transmutation ne serait pas souhaitable car elle perturberait au sein de la société l'échelle traditionnelle des richesses. Malgré l'existence de courants divergents, l'alchimie arabe constitue une étape essentielle dans l'histoire de la chimie, tant par les progrès apportés aux techniques que par ses interrogations sur les constituants de la matière.

Le mot « alambic » ne peut dissimuler son origine arabe. Déjà en usage dans le monde byzantin, l'instrument (ci-contre, une représentation dans un manuscrit du XVIIIe siècle) fut en effet perfectionné par les artisans de l'espace musulman. Appareil à distiller eaux médicinales et odorantes, l'alambic est aussi l'emblème de l'alchimiste et des dangereuses fumées qui l'entourent. Telles qu'elles sont énumérées par le médecin al-Râzî, les opérations de laboratoire comportaient, outre la distillation : la calcination, la solution, la cristallisation, la sublimation, la filtration, l'amalgamation à l'aide du mercure, enfin la cération destinée à donner à une substance la consistance de la cire. La cucurbite en verre (ci-dessous, modèle du Xe-XIIe siècle) servait à la sublimation, au terme de laquelle un corps solide transformé en vapeur était épuré.

Le corps humain et ses maladies

Contrairement à l'alchimie, la médecine dispose d'une théorie stable pour mettre au service de l'homme l'étude des processus naturels. En conformité avec les écrits de Galien, la santé est définie comme un équilibre entre les qualités qui caractérise le « tempérament » d'un individu et chacune des parties de son corps. Un déséquilibre de ces tempéraments, la surabondance ou la corruption

de l'une des quatre humeurs qui s'écoulent dans les veines (sang, bile, phlegme et mélancolie) entraînent la maladie. Quant aux empoisonnements, ils agissent différemment, en vertu d'une « propriété », seulement identifiable par ses effets.

Le corps humain subit l'influence des états psychologiques et agit sur eux. En effet, si la matière corporelle est soumise à des réactions analogues à celles rencontrées dans toute autre substance naturelle, la vie, le mouvement volontaire et la sensation sont assurés par des forces ou facultés émanant de l'âme. Avec des explications variant en fonction des positions philosophiques de chaque auteur, le lien indissoluble entre le corps et

« L'un de mes proches amis m'ayant demandé de lui apporter une aide généreuse, j'ai estimé opportun de composer un livre sur la médecine qui comprendrait les règles générales et particulières, et serait à la fois concis, complet et clair. » L'objectif que se fixait Avicenne dans sa préface fut pleinement atteint. Malgré les réticences de quelques grincheux, son *Canon* servit à la formation de générations de médecins, en Orient comme en Occident. S'il doit son titre à l'ensemble de règles qu'il présente, il dépasse les limites d'un manuel ordinaire, pour ouvrir une réflexion approfondie sur le fonctionnement du corps humain et la complexité de l'art médical. Par la densité des thèmes traités, il fut la source de maints commentaires et débats. Le prestige de l'ouvrage lui assura aussi une place, grâce à des copies richement ornées, dans la bibliothèque de collectionneurs (ci-contre, manuscrit du XVIIe siècle).

l'âme est affirmé. Deux organes, le cœur, siège des émotions, et le cerveau jouent un rôle déterminant. En développant des indications données par Galien, les auteurs arabes placent dans le cerveau les facultés de saisie et de stockage des perceptions des cinq sens, d'imagination, de mémoire et de mouvement volontaire. Ni pour Avicenne ni pour Averroès, la raison n'est située dans le cerveau : elle relève de l'âme seule, immatérielle. Au contraire, al-Majûsî et al-Râzî lui attribuent une place dans le cerveau.

Avec l'observation de l'urine, la palpation du pouls (ci-dessous, dans un manuscrit du XIVe siècle) formait l'un des moyens principaux de diagnostic des médecins arabes. Le rythme des pulsations, leur intensité donnaient lieu à des classifications, fondées sur des métaphores (en saut de gazelle, fourmillant...) ou faisant référence à la musique ou à la prosodie. Des distinctions de normes étaient établies selon l'âge, le sexe du patient, son tempérament ou son mode de vie. À chaque maladie correspondait un type de pouls. Depuis Galien, le pouls était censé faire deviner au médecin un mal d'amour dissimulé, ravageur d'un état de santé. Le visage sombre et triste du patient représenté sur cette miniature pourrait bien suggérer une atteinte de cette mélancolie amoureuse, qui entra dans les ouvrages de médecine arabe.

Tous s'accordent néanmoins pour élaborer une médecine « psychosomatique », pour donner une explication physique de la folie, se gardant de toute interprétation religieuse des maladies quelles qu'elles soient. Cette mise à distance de la religion a suscité quelques réactions, qui s'expriment notamment dans des écrits appartenant au genre dit de « la médecine du Prophète », mêlant les paroles attribuées à Mahomet à des remèdes traditionnels, et parfois à des informations venues de la « médecine des Grecs ».

En dehors de leur éventuelle origine psychologique, les maladies sont expliquées dans la médecine de tradition galénique par l'intervention de facteurs extérieurs, liés à l'environnement naturel (la qualité de l'air, les changements anormaux de climat), à l'eau

Manuel chirurgical de référence, l'œuvre d'al-Zahrâwî mêle à une reprise de savoirs grecs et byzantins une grande précision technique. Les descriptions sont accompagnées de dessins d'instruments : fers à cautériser, scalpels, sondes, ventouses… Dans l'adaptation en langue turque datant de 1465-1466, les illustrations, plus riches, restituent avec réalisme les positions et les gestes du chirurgien (ci-dessous)…

et aux aliments absorbés, aux activités physiques, sportives, laborieuses, balnéaires ou sexuelles. Ces facteurs explicatifs des maladies dictent les remèdes, ainsi que les régimes préventifs ou curatifs. La description des maladies, qu'Avicenne s'est appliqué à classer méthodiquement, intègre les tableaux des auteurs grecs et byzantins et s'enrichit parfois d'observations nouvelles. Al-Râzî est l'auteur qui a poussé le plus loin l'observation des malades. Dans les quelque mille cas dont il fait état, il se limite la plupart du temps à la description des symptômes, sans proposer de nom de maladie afin de rendre un reflet le plus fidèle possible du réel, dénué du biais qu'apporte une interprétation.

Depuis le premier établissement fondé à Bagdad par Hârûn al-Rashîd, l'hôpital islamique a fourni, notamment aux apprentis médecins, un cadre privilégié pour observer les malades. Des questions se posent à propos de cette institution novatrice. A-t-elle bénéficié de modèles byzantins ou persans préislamiques ? Répond-elle à l'obligation qu'a tout musulman envers la personne malade ? Est-elle essentiellement destinée à recueillir des patients pauvres ou des voyageurs ? Quelles que soient son origine et sa finalité exacte, l'hôpital reflète le développement de la médecine, fort grand et durable dans le monde musulman.

... De gauche à droite : application d'un cautère, à l'aide d'un fer dit « olivaire », en fonction de la forme de sa pointe, pour traiter une migraine ; excision d'un orgelet (chalazion) sur le bord de la paupière (après incision, l'extraction se faisait à l'aide d'un petit crochet) ; réduction de la luxation de l'épaule (la réduction des fractures et luxations – *al-jabr*, « algèbre » en arabe – bénéficiait d'une tradition de savoir-faire transmise depuis le temps d'Hippocrate) ; application d'un cautère à l'aide d'un fer glissé dans une canule pour traiter le déchaussement des dents dû à une détérioration des gencives.

Remèdes et régimes

En l'absence d'une anesthésie suffisante et d'une asepsie susceptible d'éviter les risques d'infection, la chirurgie ne s'applique guère aux maladies internes. Son champ opératoire couvre essentiellement les blessures et les traumatismes, auxquels s'ajoutent le percement d'abcès ou l'ablation d'excroissances superficielles, ainsi que l'application de cautères pour des indications

Prévues pour être absorbées, administrées sous forme de purge ou appliquées sur la peau, les préparations pharmaceutiques répondaient à des recettes « génériques » ou composées spécialement par le médecin. Les médicaments du premier type étaient conservés dans des pots (ci-contre) sur les étagères du pharmacien.

variées. Acte chirurgical minimal, la saignée est extrêmement pratiquée, pour pallier une surabondance humorale ou faire dériver savamment tel ou tel flux. Les interventions délicates dont la réussite est aléatoire, comme l'extraction de calculs urinaires ou l'abaissement du cristallin en cas de cataracte, sont conduites par des praticiens, souvent non lettrés et itinérants, spécialisés dans ces savoir-faire. Des récits rapportent qu'al-Râzî, atteint de cataracte à la fin de sa vie, préféra devenir aveugle plutôt que de se confier aux mains de tels « spécialistes ». L'ophtalmologie s'est pourtant beaucoup développée en pays d'Islam, mais le traitement des yeux se fonde surtout sur des collyres et des pommades.

Tant en théorie qu'en pratique, la pharmacie a atteint un haut niveau d'élaboration et d'organisation. De nombreux ouvrages énumèrent et classent les ingrédients simples et composés pharmaceutiques, en précisant leur indication et leur mode d'action. Le recours constant des médecins à la diététique fait fleurir la littérature des régimes, écrits à l'intention des praticiens, et parfois de patients illustres. Ibn Butlân choisit de donner au sien la forme d'un « almanach de la santé », qui présente des prescriptions alimentaires

et des règles de vie saine dans des tableaux synoptiques, analogues aux tables astronomiques.

La botanique et les plantes médicinales

Les nécessités pharmaceutiques et diététiques ont stimulé l'étude des végétaux. Avec pour point de départ les œuvres de Dioscoride (Ier siècle) et de Théophraste, disciple d'Aristote, la botanique arabe s'ouvre aux richesses naturelles du vaste espace musulman et à la variété de ses espèces végétales. En Espagne, un savoir agronomique se développe, en même temps qu'un intérêt pour les jardins.

La chasse aux vipères (ci-dessous, miniature du *Traité des antidotes* de Galien, Mésopotamie, XIIIe siècle) était un prélude à la fabrication du remède d'origine antique appelé « thériaque ». Antidote pour les venins et poisons, mais aussi remède universel, la thériaque inclut, en effet, parmi ses innombrables ingrédients, de la chair de vipère. L'effet de la thériaque ne s'explique que par une propriété cachée, dont seule l'expérience est révélatrice. L'histoire de son invention est empreinte de légendes. Qu'ils soient porteurs ou non d'une propriété cachée, les savants mélanges pharmaceutiques sont aussi dotés d'une qualité chaude, froide, sèche ou humide. Les livres de pharmacopée indiquent les qualités attribuées à chaque substance végétale, animale ou minérale. Pour déterminer avec précision l'intensité finale de ces qualités dans un composé, où se mêlent des ingrédients de diverses natures, le philosophe al-Kindî proposa une formule mathématique.

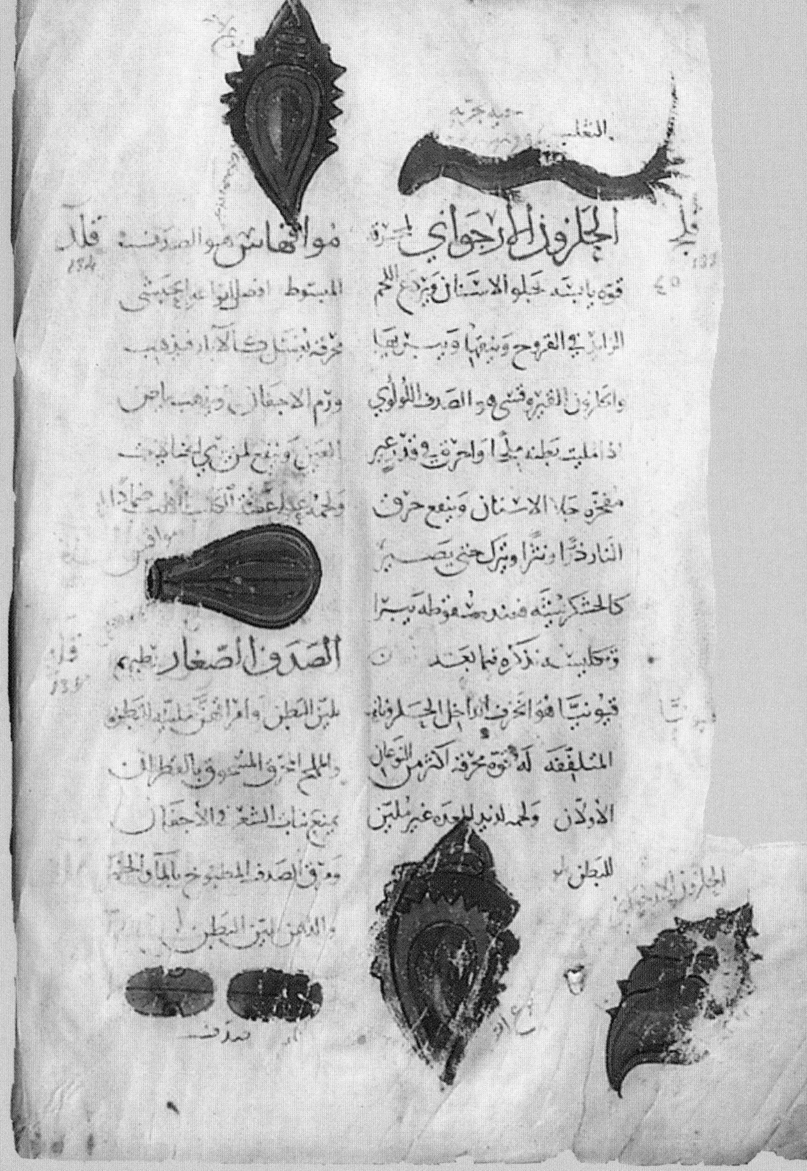

Contemporain de Néron, Dioscoride dit avoir étudié la botanique au cours de nombreux voyages. Dans son ouvrage *De la Matière médicale*, il inventorie des substances végétales, décrivant 600 plantes mais aussi animales et végétales en centrant son propos sur leurs vertus ou leur nocivité. A l'instar des *Éléments* d'Euclide ou de l'*Almageste* de Ptolémée, *La Matière médicale* fit l'objet de plusieurs traductions et révisions. Relayée dans le domaine de la pharmacopée par d'autres ouvrages écrits en arabe, elle demeurait le parfait support pour donner à voir, à de riches lecteurs non professionnels, le monde naturel, depuis des animaux du monde marin aussi étranges que l'hippocampe (à gauche) jusqu'à des plantes plus accessibles comme l'anis ou le carvi (à droite). Au fil des copies, l'illustration se précise ou se déforme, en un rapport variable avec la réalité (ci-contre, manuscrit arabe du XIIe siècle, Haute-Mésopotamie).

Influences anciennes et nouveaux acquis convergent au XIIIe siècle dans l'œuvre de l'Andalou Ibn al-Baitâr, devenu au Caire herboriste du sultan al-Kâmil. Son *Compendium des médicaments simples et des aliments* répertorie mille quatre cents substances végétales, animales et minérales. L'enrichissement du savoir botanique s'est accompagné d'une extrême complexité du vocabulaire. Ibn al-Baitâr fournit les différentes dénominations d'une même plante en arabe, en persan, en berbère, en grec, en latin et dans les langues romanes qu'il a connues en Espagne. Plus que dans tout autre domaine du savoir, en botanique médicale la préoccupation linguistique était en effet constante, du fait des dangers que pouvaient représenter d'éventuelles erreurs dans l'identification de substances consommées par l'homme.

L'influence des astres

Tout corps naturel, minéral, végétal, animal, y compris le corps humain, est soumis à l'influence des astres. Cette idée est unanimement admise même par ceux qui condamnent l'astrologie, dans sa part prédictive, pour des raisons religieuses ou qui, comme Avicenne, en nient la validité avec des arguments scientifiques. Avicenne considère en effet que la connaissance de l'influence des astres échappe à la compréhension humaine. En dépit de ces réticences ponctuelles, l'astrologie fut l'une des motivations d'un intérêt pour l'astronomie. Elle constituait aussi une activité lucrative au service des princes. Sollicitée pour la fondation des villes, pour choisir le moment d'une bataille et évaluer les chances de victoire, pour retrouver un bien perdu ou volé, pour

À chaque signe du zodiaque était attribuée une influence sur une partie du corps déterminée. Ci-dessus, homme-zodiaque dans une copie persane d'œuvres d'al-Jurjânî et d'Ibn Ilyas.

déterminer l'heure de la saignée ou expliquer les caractères humains, elle a donné lieu à une littérature hautement technique. L'astrologie arabe opère la synthèse entre la tradition grecque, issue par exemple du *Tétrabible* de Ptolémée, des procédés traditionnels du Moyen-Orient préislamique et des savoirs persans ou indiens. Dans l'un de ses courants, particulièrement illustré par Abû Ma'shâr, elle sert à comprendre l'histoire. La théorie des grandes conjonctions, des retours cycliques dans la longue durée de mêmes situations célestes explique le destin des peuples et des religions. L'Islam, son avènement, son avenir, les changements de dynasties en son sein prennent ainsi place, par le biais de l'astrologie, dans l'histoire universelle. Moins de vingt ans avant la reprise de Tolède par les armées chrétiennes, le cadi Sâ'id fait une grande place dans son *Livre des catégories des nations* aux théories d'Abû Ma'shâr. Nul doute que pour lui les temps difficiles de l'Espagne musulmane s'expliquent par une situation astrale défavorable. Profitant du prestige scientifique de l'astronomie, l'astrologie s'efforçait ainsi de répondre à toutes les interrogations de la société, depuis les petits événements de la vie privée jusqu'au dessein universel de la religion musulmane.

L'astrologue (ci-dessus, miniature du *Livre des Merveilles*, XIIIe siècle) a de multiples visages : astronome se livrant scrupuleusement à de savants calculs, praticien averti de la médecine, ou plus modeste personnage se donnant des allures de mage. De l'astrologie à la magie, la distance était facile à franchir, même sous la plume des auteurs les plus doctes.
À la divination par les astres se joignaient beaucoup d'autres techniques, telles que la chiromancie, la géomancie tirée des lignes joignant des points marqués sur le sable, ou encore la scapulomancie, déduite de l'os d'une omoplate de mouton.

En comparaison de l'immense production scientifique qu'ont connue les pays d'Islam entre le IXe et le XVe siècle, la part transmise en latin à l'Occident médiéval représente bien peu, en quantité et en qualité. Mais ce peu apporta une contribution décisive, au moment où la science européenne prit à son tour son essor.

CHAPITRE 5

SCIENCE ARABE ET SCIENCE EUROPÉENNE

Le *Canon* d'Avicenne fit son entrée dans les facultés de médecine nouvellement créées au XIIIe siècle (traduction en latin à gauche). Quant à l'astrolabe, devenu un instrument courant dans l'Occident médiéval, il aidait à l'établissement du calendrier chrétien (miniature à droite), avec sa délicate date de Pâques, que déterminent à la fois la Lune et l'équinoxe de printemps.

Les zones de contact direct

Jusqu'à la chute du royaume de Grenade en 1492, États musulmans et chrétiens coexistèrent en Europe depuis la conquête aux VIIIe et IXe siècles de l'Espagne d'abord, de la Sicile ensuite. Bien qu'hostile, ce voisinage ne pouvait qu'induire quelques influences réciproques. À l'intérieur même de l'Espagne, une certaine osmose s'était opérée. N'est-ce pas, par exemple, dans des manuscrits latins de la fin du Xe siècle, transcrivant les *Étymologies* d'Isidore de Séville, une encyclopédie écrite dans l'Espagne wisigothique des VIe et VIIe siècles, que se trouvent les premiers témoignages de la forme des chiffres arabes adoptée dans l'Occident musulman ? Autre symbole d'une telle osmose, le *Calendrier de Cordoue*, composé entre 961 et 980 par un médecin musulman et un évêque mozarabe (un chrétien arabophone), offre un mélange de traditions ibériques, de l'ancien système arabe préislamique d'astro-

Les manuscrits du *Livre de Roger* renferment des cartes partielles, correspondant aux régions décrites. Al-Idrîsî en annonce soixante-dix dans son prologue, dix pour chacune des sept zones climatiques traditionnellement distinguées depuis l'Antiquité. L'œuvre est également accompagnée d'une petite carte du monde circulaire (ci-dessous), que des découvertes récentes ont rapprochée d'un modèle plus ancien. Selon une habitude de l'Orient musulman, le pôle Sud est en haut.

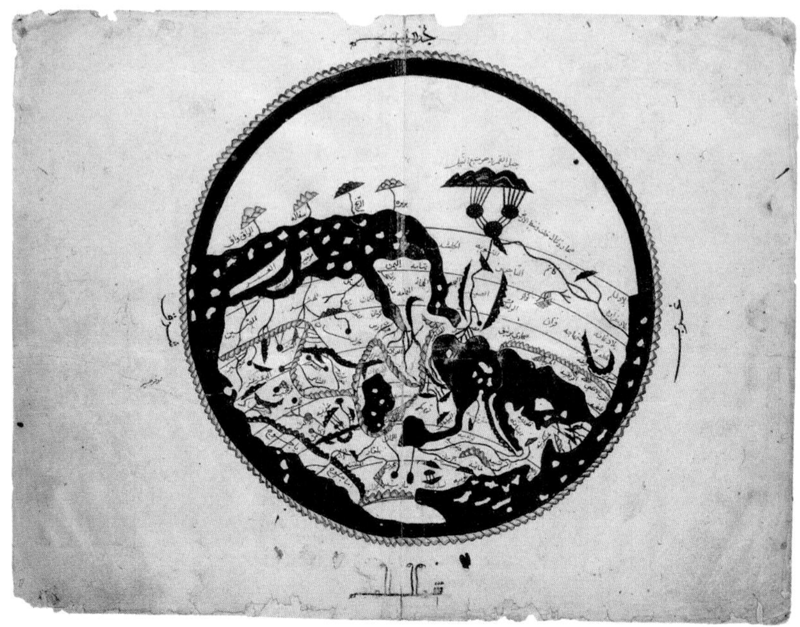

météorologie (les *anwâ'*) et de la nouvelle astronomie importée de l'Orient musulman. Ces contacts directs entre cultures ne traversèrent guère les frontières. Des infiltrations de science arabe passèrent toutefois par la Catalogne. Dès la fin du Xe siècle, des connaissances sur l'astrolabe, qui s'inspirent des travaux effectués dans les mêmes années à Cordoue par Maslama al-Majrîtî, y sont adaptées en latin, d'ailleurs assez maladroitement. Les chiffres arabes font timidement leur apparition en Europe chrétienne autour de l'an 1000, dans les tables à calculer (abaques) latines pour la numérotation des colonnes et sur les jetons. À ces toutes premières introductions de l'astrolabe et des chiffres arabes est associé le nom du savant mathématicien et astronome Gerbert d'Aurillac, le futur pape Sylvestre II, qui avait fait un voyage en Catalogne entre 967 et 970.

Après leur reconquête de la Sicile entre 1061 et 1086, les rois normands adoptèrent volontiers un mode de vie oriental et favorisèrent les lettrés arabes. Avec l'ambition de relayer, à la cour de Palerme, l'éclat intellectuel des premiers temps du califat abbasside de Bagdad, le roi Roger II (1097-1154) commande à al-Idrîsî, un lettré d'origine andalo-maghrébine, une carte du monde que des artisans devaient graver sur un lourd disque d'argent. Destiné à accompagner cette carte (non conservée), un livre de géographie (*Livre de Roger*) est entrepris peu avant la mort du roi. Il se fonde sur les travaux de prédécesseurs musulmans et, pour l'Europe, sur

« Nous devons savoir que les Indiens ont une ingéniosité très subtile, et que tous les autres peuples s'inclinent devant eux en matière d'arithmétique, de géométrie, et des autres arts libéraux. Ceci est manifeste dans les neuf figures par lesquelles ils désignent chaque degré de chaque degré [des nombres]. » Le moine chrétien qui reproduit en 976 ces chiffres omet de mentionner que ce sont les musulmans d'Espagne qui les ont apportés. Les formes qu'il reproduit comportent des variantes par rapport aux habitudes orientales. Selon une hypothèse, la forme occidentale du 8, dont il témoigne, s'expliquerait par une influence latine : l'abréviation du mot *octo* (huit), superposant deux « o ».

des enquêtes de terrain. Écrit en arabe, l'ouvrage d'al-Idrîsî devint une référence dans le monde musulman, mais, non traduit en latin, il resta inconnu en Europe chrétienne. Sont davantage recherchées en Sicile, longtemps terre byzantine, des œuvres grecques, au besoin dans leurs versions arabes : c'est ainsi que des traités optiques d'Euclide et de Ptolémée sont traduits en latin, pour certains d'après un manuscrit grec, pour d'autres d'après un manuscrit arabe, parfois par le même traducteur. Avec l'avènement de l'empereur Frédéric II de

Sujet d'agréable étonnement pour les premiers croisés en Syrie, qui en sucèrent la canne, le sucre fut d'abord réservé à des usages médicinaux. L'échoppe bien garnie que représente cette miniature du XVe siècle atteste qu'il a désormais trouvé la voie de la cuisine et des douceurs.

Hohenstaufen (1194-1250), roi de Sicile, le paysage n'est plus le même. Ce souverain déporte des milliers de musulmans dans les Pouilles italiennes. Son intérêt pour la culture arabe n'en est pas moins devenu légendaire. Passionné de fauconnerie, il fait traduire des ouvrages arabes sur ce sujet et écrit lui-même un livre au savoir ornithologique remarquable. Il entretient des correspondances avec des philosophes du monde musulman, en Espagne et en Égypte. Il accueille à sa cour de Palerme le savant Michel Scot, féru d'astrologie, qui avait été auparavant traducteur à Tolède, ou le philosophe Théodore d'Antioche, qui a été formé à Mossoul et Bagdad. Il rencontre Leonardo Fibonacci.

Avec ce mathématicien, nous quittons la terre sicilienne pour entrer dans les méandres de contacts plus complexes. Marchand de Pise, Fibonacci – qui donne encore aujourd'hui son nom à la suite de nombres où chacun est la somme des deux précédents – écrivit des traités d'arithmétique, d'algèbre et de géométrie du plus haut niveau qu'ait connu l'Occident médiéval. Il tient ses connaissances des traductions latines déjà disponibles en son temps et d'informations recueillies directement lors de voyages effectués, pour des besoins de commerce, à Bougie et en Syrie. La ville de Pise, dont il est originaire, entretint des liens privilégiés avec la principauté d'Antioche, le seul État croisé d'Orient à avoir joué un rôle significatif dans la transmission en latin de savoirs arabes. L'activité du port de Pise, comme celle de certains ports de l'Italie méridionale, furent aussi propices à divers échanges : de nouveaux procédés, de nouveaux produits sont introduits, dotés de noms empruntés à l'arabe. Par exemple, le sucre, dont le nom latin *zuccarum* vient de l'arabe *al-sukkar*, par le biais de l'italien. Malgré ces contacts diffus et difficiles à retracer, l'essentiel des transferts, de savoirs et de mots, passa par les traductions.

Frédéric II (ci-dessous, représenté dans son traité de fauconnerie) avait des compétences en mathématiques d'un assez haut niveau. Il rencontra Leonardo Fibonacci à Pise en 1226. Dans la suite de l'empereur, le traducteur de l'arabe et mathématicien Jean de Palerme posa des questions auxquelles Fibonacci répondit

un peu plus tard par son *Livre des nombres carrés*. Quant à son *Livre d'abaque*, mêlant arithmétique et algèbre, il en dédia la deuxième version, terminée en 1228, au savant Michel Scot.

Les grands mouvements de traduction

Comme dans l'Orient musulman du IXe siècle, l'éveil aux sciences intervint en Europe chrétienne dans une période d'élan politique et de prospérité économique. Il se fit néanmoins selon des modalités différentes. La science arabe prit son essor sur des terres où des communautés entretenaient encore le savoir grec : le transfert se fit en un acte volontaire d'appropriation. En Europe occidentale, terre où la langue de culture est le latin, la connaissance du grec s'est perdue depuis des siècles. Or, dans l'Antiquité, même à Rome, la science du plus haut niveau s'était écrite en grec, en un bilinguisme culturel révolu au Moyen Âge : plus que d'un transfert, il s'agissait d'une laborieuse reconstruction. En un premier temps, la science arabe ne fut pas recherchée pour elle-même, mais en tant que messagère de la science grecque, qu'elle avait traduite et interprétée.

Dès l'époque carolingienne, un ferment de curiosité intellectuelle, à partir des vestiges de culture latine, est perceptible dans les monastères et dans les écoles qu'abritent les cathédrales. Gerbert d'Aurillac, par exemple, fréquenta le monastère italien de Bobbio, et enseigna à l'école de la cathédrale de Reims. C'est sur ce terrain déjà fécondé que le désir d'augmenter le mince bagage latin fut ressenti. Le premier grand mouvement de traduction fut impulsé en Italie du Sud et touchait la médecine. Ce n'était pas le fruit du hasard. La présence byzantine, à Ravenne et en Italie méridionale, avait maintenu une tradition

Reconstruite après les bombardements de 1944, l'abbaye bénédictine du mont Cassin forme une masse imposante au sommet d'une colline abrupte, près de Cassino...

d'hellénisme. Dès la fin du Xe siècle, des médecins de la ville de Salerne, au sud de Naples, s'étaient acquis une réputation qui dépassait les Alpes. Dans les années 1060, Constantin l'Africain, originaire de Carthage, arrive par bateau en Italie du Sud. Était-il un marchand, un médecin ? Les récits médiévaux divergent sur ce sujet et en font parfois un musulman. Il est raisonnable d'imaginer qu'il appartenait à l'une des communautés chrétiennes d'Afrique du Nord, poussées alors à l'exil. Peu de temps après son arrivée en Italie, il devient moine à l'abbaye bénédictine du mont Cassin, en plein renouveau culturel et artistique. C'est la médecine grecque que Constantin prétend restaurer en s'appuyant sur les livres arabes qu'il a apportés avec lui et qu'il adapte de manière assez infidèle, en se les attribuant pour la plupart. Il traduit des traités qui avaient été écrits à Kairouan au Xe siècle, et, de l'Orient, des œuvres médicales de Hunain ibn Ishâq et l'encyclopédie du persan al-Majûsî. Diffusées à Salerne, puis en France, en Angleterre et en Allemagne, en suivant les voyages des lettrés à travers les réseaux que formaient les monastères et les cathédrales, ces premières traductions, sous un maquillage gréco-latin, de textes arabes furent déterminantes pour l'essor de la médecine occidentale.

L'exemple de la médecine fut suivi au XIIe siècle dans tous les champs du savoir. Les progrès de la

... Fondée vers 529 par Benoît de Nursie, l'abbaye (ci-dessous) connut du VIIe au XIIe siècle un exceptionnel rayonnement culturel, entrecoupé par des attaques destructrices, dont un raid sarrasin en 883. Sa bibliothèque témoigne encore, par la richesse des manuscrits conservés, des moments privilégiés de cet éclat. On y trouve, par exemple, une copie datant de l'époque carolingienne de l'encyclopédie *Sur l'univers* de Raban Maur (783-856), dont une des illustrations (à gauche) représente la création par Dieu du Soleil, de la Lune et des étoiles (figurées par les signes du zodiaque). La bibliothèque renferme aussi la plus ancienne copie d'un texte médical traduit de l'arabe.

reconquête chrétienne en Espagne ouvrirent la voie aux traducteurs. De divers pays d'Europe, des lettrés y partent apprendre l'arabe, profitant de l'aide de savants juifs ou mozarabes, et ils y recherchent des manuscrits et se mettent à la tâche, dans le double souci de retrouver la science grecque et de bénéficier des nouveautés arabes. On traduit aussi bien les *Éléments* d'Euclide d'après une version arabe, que l'arithmétique d'al-Khwârizmî, introductrice cette fois des méthodes du « calcul indien », et non plus seulement des chiffres, comme au temps de Gerbert d'Aurillac. L'algèbre et l'alchimie arabes font leur entrée. L'intérêt pour des « sciences » qui n'en sont plus aujourd'hui, comme l'astrologie et toutes sortes de techniques divinatoires, est indissociable d'un désir de perfectionnement en philosophie, en mathématiques, en astronomie, en médecine ou en pharmacie. Cette « Renaissance » du XIIe siècle trouve son couronnement à Tolède sous le patronage des archevêques. Parti d'Italie à la recherche d'une

Tolède symbolise la rencontre des cultures avec le style mudéjar qui inscrit l'empreinte arabe sur ses églises chrétiennes, ses anciennes synagogues. Au XIIe siècle, la ville attire des lettrés qui y échangent livres et informations. Un philosophe anglais, Daniel de Morley, s'est plu à relater sa rencontre avec Gérard de Crémone, de même que son émerveillement devant les vestiges des monumentales horloges à eau qu'avait construites sur les rives du Tage, peu avant 1085, l'astronome Azarquiel.

version arabe de l'*Almageste* de Ptolémée, alors non disponible en latin, le philosophe Gérard de Crémone passe plus de trente ans à Tolède où il meurt en 1187. Il y traduit de l'arabe un nombre impressionnant d'œuvres touchant à toutes les disciplines. Les entreprises de traductions, à Tolède, continuent au XIIIe siècle : on poursuit le travail sur les œuvres d'Avicenne, entrepris depuis le milieu du XIIe siècle, Michel Scot traduit le traité d'astronomie écrit peu auparavant en Espagne musulmane par al-Bitrûjî et les commentaires d'Averroès aux œuvres d'Aristote. Ces derniers allaient susciter maints remous sur des positions jugées incompatibles avec la théologie chrétienne. Tout ce travail de traductions aurait été de peu d'écho si l'institution des universités au début du XIIIe siècle n'avait fourni un cadre propice à l'assimilation et à la diffusion des savoirs. Aux réseaux que constituaient monastères et cathédrales, se substituent peu à peu ces points de convergence de maîtres et étudiants, venus des différentes régions de l'Europe et usant d'une langue de culture commune, le latin. Sans atteindre le niveau le plus élevé de la science arabe, l'enseignement universitaire médiéval prépara l'avenir en ancrant les savoirs scientifiques dans la culture occidentale.

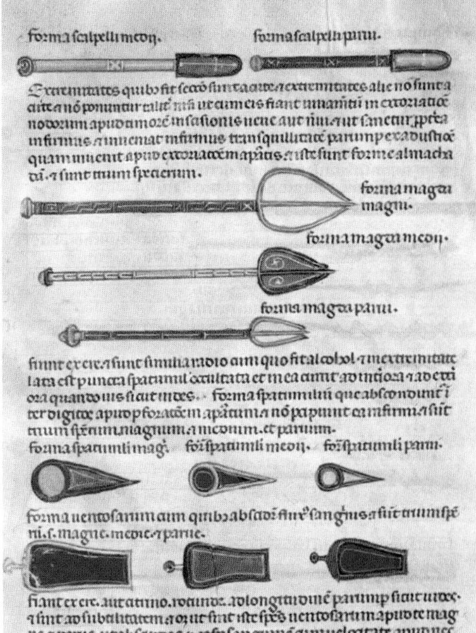

Malgré son intérêt profond pour l'astronomie, Gérard de Crémone n'en négligea pas pour autant les textes de médecine. Parmi ses traductions les plus diffusées, figure, à côté du *Canon* d'Avicenne, la *Chirurgie* d'al-Zahrâwî, illustrée de ses dessins. La page ci-dessus rassemble des scalpels, des instruments tranchants terminés par une sorte de spatule dont l'un a gardé son appellation arabe, difficilement traduisible (*mikhda'*, transposé ici en *magda*), ainsi que des ventouses.

Le rôle des savants juifs

Les érudits juifs, par leur connaissance persistante de l'arabe, par leur accès à des manuscrits qui transcrivaient parfois les mots arabes en caractères hébraïques, participèrent activement à la transmission des savoirs issus du monde musulman. Au XIIe siècle, certains apportent à Tolède leur aide à des traducteurs, d'autres quittent l'Espagne et deviennent de véritables pédagogues, tels Pierre Alphonse, converti au christianisme, qui se rend vers 1110 en Angleterre et parfait l'éducation d'Adélard de Bath, l'un des plus prolifiques traducteurs d'arabe en latin, ou Abraham ibn Ezra, qui de Saragosse voyage en Italie, en France, porteur d'informations de première main en astronomie et en mathématiques.

Lorsque au XIIIe siècle l'accès à la langue arabe devient plus difficile pour les chrétiens et que leur activité traductrice se porte en priorité vers le grec, la mise en latin de textes arabes repose essentiellement sur les compétences des savants juifs, les langues locales servant parfois d'intermédiaire avec un collaborateur latiniste. Leur intervention est notable dans la vaste entreprise patronnée par le roi de Castille Alphonse X le Sage (1221-1284), qui restitue en langue castillane des pans entiers de l'astronomie de la Tolède musulmane, dans une volonté de continuité avec ce passé de l'Espagne. En Italie, à Padoue comme dans le royaume de Naples, d'importants textes de médecine et de pharmacie bénéficient de la contribution des lettrés juifs. Indépendamment de cet effort consenti à l'élaboration de traductions destinées à des chrétiens,

Parfois appelé « arbaleste » ou « arbalestrille », le bâton de Jacob apparaît dans des manuels de navigation jusqu'au XVIIIe siècle (ci-dessus, un ouvrage de 1583). Il servait aux pilotes à déterminer la latitude, en mesurant la hauteur de l'étoile polaire.

une science s'écrit en hébreu. Parmi les réalisations effectuées en cette langue, l'œuvre mathématique et astronomique du philosophe et commentateur biblique Lévi ben Gerson (1288-1344), qui a vécu à Orange et fréquenté la cour du pape d'Avignon Clément VI, tranche par son niveau. Elle se situe plus dans la continuité de la tradition arabe que dans le contexte de la science élaborée alors dans les universités chrétiennes, dont les juifs étaient exclus. En astronomie, Lévi ben Gerson accorde une importance cruciale aux nouvelles observations et à cet effet, il invente un instrument, le « bâton de Jacob », pour mesurer la distance angulaire entre deux planètes ou deux étoiles. Certaines de ses œuvres furent traduites en latin et le bâton de Jacob fut utilisé par des astronomes de renom aux XVe et XVIe siècles.

Vers la science moderne : des comparaisons aux malentendus

Le Moyen Âge latin ne connut pas de textes arabes postérieurs au XIIe siècle. Et même, au sein de la production antérieure à cette époque, il ignora des œuvres importantes, comme celles d'al-Bîrûnî. La science européenne n'en était pas moins porteuse d'un héritage qu'elle ne pouvait renier. L'imprimerie donna à des traductions médiévales une diffusion que la transcription manuscrite n'avait pu leur offrir.

Le roi de Castille et de León Alphonse X le Sage (à gauche, au milieu de sa cour) dut son surnom à sa conception du pouvoir, fondée sur une revendication de sagesse. Il patronna de nombreuses traductions de textes arabes en astronomie, mais aussi en astrologie et en magie. Écrits en castillan, ses *Libros del saber de astronomia* gardent ainsi la trace de savoirs techniques élaborés en Espagne musulmane.
Vers 1320, des astronomes parisiens composèrent en latin des tables, promises à une large diffusion, qu'ils dénommèrent « alphonsines », en référence au travail accompli dans l'entourage du roi.

SANCTA·TRINITAS·VNVS·DEVS·MISERERE·NOBIS·

Haly filius abbas. G. a 20

hypocra. | Haly | Galenꝰ.

Liber totius medicine necessaria cõ
tinens quem sapientissimus Haly filius abbas di
scipulus abimeher moysi filii seiar edidit: regiq3
inscripsit. vnde et regalis dispositionis nomē
assumpsit. Et a stephano philosophie di-
scipulo ex arabica lingua in latinaȝ sa-
tis ornatam reductus. Necnon a
domino michaele de capella ar-
tium et medicine doctore fe-
cundis sinonimis a multis
et diuersis autoribus
ab eo collectis illu
stratꝰ summaq3 cũ
diligẽtia im-
pressus.
1523

L'encyclopédie médicale du Persan al-Majûsî (IXe siècle) fut traduite, pour la seconde fois, en latin par un Pisan, prénommé Étienne, qui, établi à Antioche, l'acheva en 1127. Signe de l'autorité dont il jouissait toujours, le portrait d'al-Majûsî est représenté sur le frontispice de cette édition de 1523, entre Hippocrate et Galien. La forme latine « *Haly filius abbas* » dérive de la première partie de son nom ('Alî ibn al-'Abbâs). Les œuvres de Constantin l'Africain – qui avait également réalisé une traduction de ce texte au XIe siècle – furent elles aussi imprimées, comme bien d'autres traductions arabo-latines médiévales. Cette fidélité suscita de vives polémiques, de la part d'humanistes « anti-arabistes ». L'évolution des connaissances fit tomber peu à peu en désuétude les textes d'origine arabe. En une résurgence due à son exceptionnelle qualité, le traité qu'avait consacré le médecin al-Râzî à la variole et à la rougeole fut redécouvert, sur fond d'épidémies, au XVIIIe siècle, et traduit alors pour la première fois en latin.

Des érudits se mirent à réviser d'anciennes versions latines ou à en élaborer de nouvelles. Les activités commerciales de Venise et la proximité stimulante de l'université de Padoue menèrent certains vers l'Orient. Médecin du consulat vénitien à Damas, Andrea Alpago (mort en 1522) révise la version due à Gérard de Crémone du *Canon* d'Avicenne et traduit partiellement le commentaire d'Ibn al-Nafîs, mais non la partie où est décrite la circulation pulmonaire. Cet oubli regrettable a donné lieu à une énigme de l'histoire. Plusieurs auteurs entre 1553 et 1559, des anatomistes et le théologien-médecin Michel Servet, qui périt sur le bûcher pour ses opinions religieuses jugées peu orthodoxes par Calvin, décrivent la circulation pulmonaire. Ne font-ils que s'inspirer d'Ibn al-Nafîs, dont la découverte aurait été transmise oralement dans l'entourage d'Alpago, suggérée dans une note, lue dans un manuscrit arabe qui aurait circulé à Venise ? Ou sont-ils arrivés à cette description en suivant le même raisonnement que leur prédécesseur arabe ? Aucune preuve tangible ne permet de répondre à ces questions.

D'une manière analogue, une ressemblance troublante existe entre les modèles planétaires utilisés par Nicolas Copernic et ceux du Damascène Ibn al-Shâtir. Le cheminement des influences semble ici plus assuré et passe par la voie byzantine. Dès le XIe siècle, l'astronomie byzantine a été perméable aux influences arabes. Un manuscrit grec, apporté en Italie au XVe siècle, peut avoir servi de source d'information sur les modèles inventés en Orient musulman aux XIIIe et XIVe siècles. Il n'en demeure pas moins qu'Ibn al-Shâtir continuait, contrairement à Copernic, à placer la Terre au centre de l'univers. De même, la mise en évidence de la circulation pulmonaire en Europe n'était qu'un prélude à la découverte, plus importante, de la grande circulation par William Harvey (1578-1657), qui porta le coup de grâce à la théorie galénique.

En mathématiques, l'influence exercée par l'édition arabe de la version des *Éléments* d'Euclide par Nasîr al-Dîn al-Tûsî, imprimée à Rome en 1594, fait aussi l'objet d'interrogations. Sans évoquer l'existence d'emprunts, des correspondances sont notées entre telle ou telle démonstration ou proposition d'un auteur arabe et les acquis européens du XVIIe siècle. Ces comparaisons sont légitimes lorsque l'histoire de la pensée scientifique est envisagée dans sa logique propre, de manière abstraite, afin d'en définir les principales étapes. Les comparaisons entre des temps et des lieux sont plus contestables lorsqu'elles s'accompagnent de jugements de valeur.

Malgré les revers que lui firent subir les Turcs après la prise de Constantinople (1453), Venise garda une large ouverture vers l'Orient. Le commerce des épices y était prospère, jusqu'à la découverte par les Portugais de la voie du cap de Bonne-Espérance, à la fin du XVe siècle, qui lui porta un coup néfaste. Ville ouverte aux investissements financiers novateurs, Venise constitua au XVIe siècle un important foyer d'imprimeurs. Dans le même temps, à l'université de Padoue, l'anatomie et la botanique se renouvelaient radicalement. Ci-dessous, ornant une céramique vénitienne, une tête de Maure évoque les liens privilégiés entre la Sérénissime et l'Orient.

Si la science arabe et la science européenne se sont un temps rencontrées, chacune s'est développée en des rythmes et avec des enjeux différents. Le déclin de la science arabe, explicable par des circonstances politiques et culturelles indépendantes du niveau intellectuel de ses acteurs, n'efface pas la réalité historique de son éclat. Il n'est nul besoin de la comparer ni au niveau moindre de la science médiévale, ni aux réussites de la science moderne de l'Europe occidentale. Tout ce qu'il est permis de dire, c'est que depuis la fondation des universités au début du XIIIe siècle, des savoirs ont été transmis et renouvelés sans interruption notable en Europe occidentale. Ni les madrasas, qui à de rares exceptions près n'accueillaient que les « sciences musulmanes », ni les hôpitaux, ni les observatoires à l'existence éphémère n'assurèrent une telle continuité dans le temps et dans l'espace. La transmission des savoirs se fit essentiellement dans le monde musulman de maîtres à disciples et grâce à la diffusion des livres. Les obstacles à ces libres circulations des hommes et des idées, de même que le retrait de l'arabe au profit d'autres langues comme le persan ou le turc, privèrent la science arabe de ce qui lui avait donné sa force et sa portée universelle. Au fil des remodelages successifs du monde musulman, des zones de fracture sont apparues, avec leurs inévitables repliements culturels et linguistiques sur des identités régionales. Hautement symbolique, la prise de Constantinople en 1453 n'est qu'un épisode d'une progression turque qui mena à l'Empire ottoman. Parallèlement, les forces

Depuis sa première introduction, symbolisée par cet astrolabe latin, maladroitement réalisé, la science arabe a accompagné le développement de la science européenne jusqu'à la Renaissance. Le schéma d'un cosmos héliocentrique (à droite), proposé par Nicolas Copernic (1473-1543), marque à la fois une continuité et une rupture. Suivant des modèles parfois voisins de ceux des astronomes de Marâgha, les mouvements planétaires demeurent circulaires. Déjà au XIIe siècle, le Sévillan Jâbir ibn Aflah (dont l'œuvre a été traduite en latin par Gérard de Crémone) avait placé les sphères de Mercure et de Vénus au-dessus de celle du Soleil. La « révolution » copernicienne, parfaite au XVIIe siècle par Kepler et Galilée, n'en est pas moins radicale : la Terre, qui n'est plus immobile, partage avec la Lune, tournant autour d'elle, la sphère dévolue par Ptolémée au Soleil.

vives du commerce, longtemps centrées sur les rives de la Méditerranée et tournées vers les horizons asiatiques, empruntent, après les Grandes Découvertes, la voie de l'Atlantique.

Mis à part ces bouleversements qui ont secoué de fragiles équilibres, une question lancinante revient : pourquoi la créativité intellectuelle qui a conduit à distinguer une « science arabe » au sein de l'histoire universelle des savoirs, n'a-t-elle pas donné lieu à une « révolution scientifique » ? La notion même de « révolution » et l'étude de ses modalités relèvent de la philosophie des sciences. Du point de vue strict de l'historien, les textes scientifiques écrits en arabe, entre le IXe et le XVe siècle, combinent une indéniable modernité et une saveur toute médiévale.

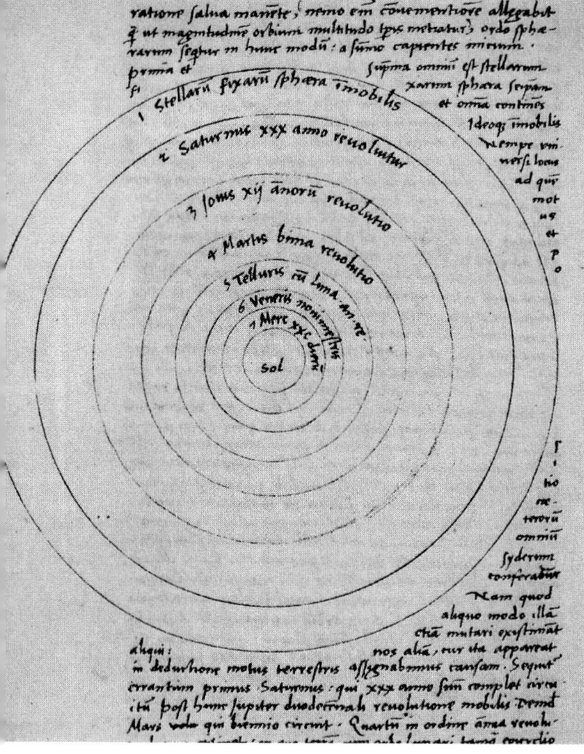

Imprimés à Nuremberg en 1543, les six livres *Des révolutions des orbes célestes* paraissent l'année même de la mort de Copernic. Outre l'audacieuse ingéniosité du savant polonais, leur caractère novateur s'explique par toute une évolution scientifique et un climat culturel particulièrement fécond. L'astronomie avait été activement étudiée et renouvelée, depuis la fin du XIVe siècle, dans les universités allemandes et d'Europe centrale. L'Italie, où se rendit le jeune Copernic, offrait des occasions de rencontre à des savants venus des horizons les plus divers, y compris byzantins.

Dans les transferts de savoirs entre Orient et Occident, l'Espagne a joué un rôle capital. Pour aider les voyageurs orientaux à en mémoriser les principaux lieux, la carte d'al-Istakhrî (Xe siècle), dont une copie de la fin du XIIe siècle est reproduite page suivante, la représente en un style géométrique (à droite), face à la côte maghrébine (à gauche).

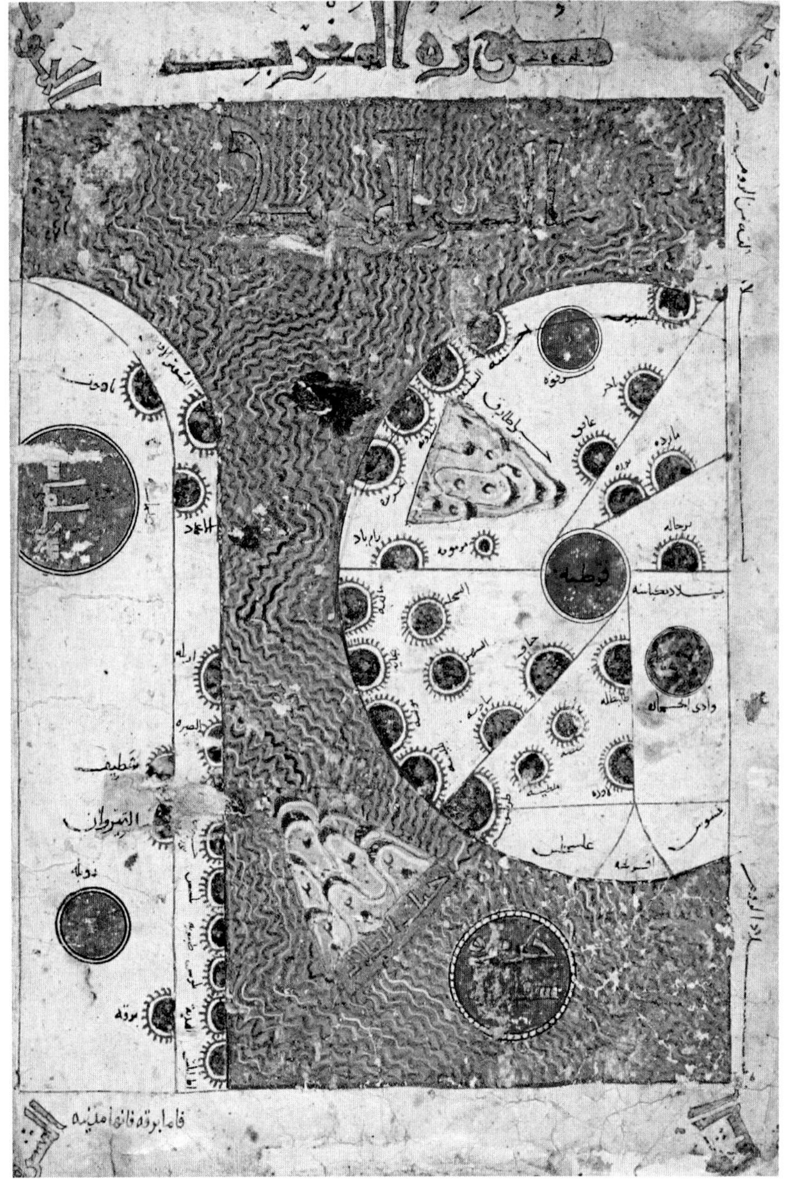

صورة المغرب
قرطبة
فاما برقة فانها مدينة

TÉMOIGNAGES ET DOCUMENTS

L'histoire de la science arabe vue par ses témoins

Très tôt développée, l'écriture de l'histoire et des biographies de ses acteurs contribua à souder la communauté musulmane, en la situant dans le temps et dans l'espace. L'intérêt pour les sciences, leur inscription dans une tradition et leur évolution furent ainsi retracés.

Le rêve d'al-Ma'mûn

Dans son Fihrist *ou «Répertoire», Ibn al-Nadîm, à Bagdad en 988, donne les étapes de l'histoire intellectuelle depuis l'Antiquité jusqu'au monde musulman du X*[e] *siècle.*

Voilà les raisons pour lesquelles les livres de philosophie et des autres sciences anciennes devinrent nombreux dans ce pays. L'une de ces raisons est qu'al-Ma'mûn vit en rêve un homme de couleur blanche, rougeaud de teint, avec un large front, des sourcils se rejoignant, un crâne chauve, des yeux bleus profonds, de belle allure, assis sur un trône. Al-Ma'mûn raconta :

C'était comme si j'étais devant lui, empli de vénération. Je dis : «Qui êtes-vous?» Il répondit : «Je suis Aristote». Alors je m'en réjouis et dis : «Ô Sage! puis-je vous poser une question?» Il dit : «Demande». Alors je demandai : «Qu'est-ce que le bien?» Il répondit : «Ce qui est bien selon la raison.» Puis je demandai : «Et encore?». Il répondit : «Ce qui est bien selon la Loi?». Je dis : «Et encore?» Il répondit : «Ce qui est bien selon la société.» Je dis : «Et encore?» Il répondit : «Rien de plus.» Selon une autre tradition, al-Ma'mûn dit : «Ajoute encore quelque chose!» Il répondit : «Celui qui est sincère avec toi pour l'or, considère-le comme de l'or, et pour toi il te faut (croire) en l'unicité d'Allah. »

Ce rêve fut l'une des raisons les plus certaines de l'apparition de (nouveaux) livres. Alors qu'al-Ma'mûn avait remporté une victoire sur l'Empereur des Rûms (c'est-à-dire des Byzantins), une correspondance s'établit entre eux. Al-Ma'mûn écrivit à l'Empereur des Rûms pour lui demander de lui faire parvenir (des livres) de sciences anciennes choisis parmi ceux qui étaient conservés dans le pays des Rûms.

Il refusa d'abord, puis accepta.

Alors al-Ma'mûn envoya un groupe d'hommes, parmi lesquels al-Hajjâj ibn Matar, Ibn al-Batrîq, Salmân, le directeur du *Bayt al-hikma* [la «Maison de la Sagesse»], et d'autres. Ils rapportèrent des livres choisis parmi ceux qu'ils trouvèrent. Quand ils les eurent rapportés à al-Ma'mûn, celui-ci ordonna de les traduire et ainsi fut fait.

Ibn al-Nadîm, *Fihrist*,
in Danielle Jacquart et Françoise Micheau,
La Médecine arabe et l'Occident médiéval,
Paris, Maisonneuve et Larose, 1996

La contribution d'al-Andalus à la science

En 1068, à Tolède, Sâ'id al-Andalusî, un juge versé en astronomie, compose la première histoire des sciences qui ait jamais été écrite. Il y classe les nations du monde selon leur aptitude à faire œuvre scientifique.

La catégorie des nations qui a cultivé les sciences forme l'élite et la partie essentielle des créatures d'Allah. Ces nations, en effet, ont tendu à acquérir les vertus de cette âme raisonnable qui fait l'espèce humaine et en corrige la nature. […]

Les philosophes hellènes sont les plus éminents des hommes par le rang et les plus grands des savants par le zèle véritable qu'ils ont montré dans les diverses branches du savoir : dans les sciences mathématiques, logiques, physiques et métaphysiques, ainsi que dans les sciences politiques qui traitent de la constitution de la famille et de la société. […]

Au nombre des traits particuliers aux Perses se trouvent un goût extrême pour l'art médical et une connaissance approfondie de l'astrologie et de l'influence des astres sur le monde sublunaire. Ils possédaient d'antiques

Aristote et ses étudiants en sciences physiques, manuscrit d'époque seldjoukide.

observations et des systèmes divers sur les mouvements des planètes. Parmi ces systèmes, signalons celui d'après lequel Abû Ma'shar Ja'far ibn Muhammad [ibn 'Umar] al-Balkhî dressa sa grande table astronomique, prétendant que ce système était celui des premiers savants perses et d'un grand nombre de savants de tous les pays. [...]

Lorsque le califat passa à 'Abd Allah al-Ma'mûn ibn Hârûn ar-Rashîd ibn Muhammad al-Mahdî ibn Abû Ja'far al-Mansûr, quand, poussé par son propre génie, ce prince désira connaître la philosophie, quand sa haute intelligence l'eut mis à même d'embrasser toutes les sciences philosophiques, quand les savants de son époque eurent pris connaissance de l'*Almageste,* quand ils eurent compris le dispositif des instruments d'observation décrits dans cet ouvrage, al-Ma'mûn fut amené à faire venir auprès de lui, de tous les points de son empire, les hommes remarquables de son temps. Il leur ordonna de construire des instruments semblables, de s'en servir pour la mesure des astres et, à l'aide de ces instruments, d'essayer de déterminer la position des étoiles, comme l'avaient fait Ptolémée et ses prédécesseurs. Ils firent ce qui leur était ordonné et, avec ces instruments, ils se livrèrent à des observations dans le quartier d'ash-Shammâsiyya, [à Bagdad], et au mont Kâsiyûn, dans la région de Damas, en Syrie, en 214/829. Ils déterminèrent la durée de l'année solaire fixée par l'observation, la valeur de l'inclinaison du soleil, l'excentricité de son épicycle, le lieu de son apogée. Ils parvinrent, en outre, à connaître certaines particularités du reste des étoiles errantes et fixes. La mort du Khalife, en 218/833, empêcha ces savants d'accomplir entièrement ce qu'ils avaient projeté, mais ils consignèrent les résultats auxquels ils étaient arrivés dans un traité intitulé *ar-Rasad al-ma'mûnî* (*l'Observation-ma'mûnide*). Ce furent les astronomes Yahyâ ibn Abî Mansûr, premier astronome de son temps, Khâlid ibn 'Abd al-Malik al-Marûzî, Sind ibn 'Alî et al-'Abbâs ibn Sa'îd al-Jawharî qui s'acquittèrent de cette tâche; chacun d'eux composa une table astronomique qui porte son nom et qui est entre les mains de tout le monde, aujourd'hui encore. Leurs observations furent les premières faites dans l'empire islamique.

Depuis cette époque jusqu'à la nôtre, quelques musulmans et non-musulmans admis dans l'intimité des Khalifes 'abbâsides ou d'autres princes mahométans, n'ont cessé de cultiver l'astronomie, la géométrie, la médecine et autres sciences anciennes; ils ont continué à composer sur ces matières des traités importants et à mettre en lumière des résultats curieux obtenus dans ces sciences [...].

À la fin de la première partie du quatrième siècle, le Khalife al-Hakam al-Mustansir bi-llah ibn 'Abd ar-Rahmân an-Nâsir li-dîn Allah se prit à cultiver les sciences et à patronner les savants. Il fit venir [en Andalousie] de Bagdad, d'Égypte et d'ailleurs, en Orient, les ouvrages capitaux les plus importants et les plus rares touchant les sciences anciennes et modernes. Il en réunit à la fin du règne de son père et, par la suite, durant son règne personnel, une quantité presque égale à celle réunie par les princes 'abbâsides, en un temps bien plus long. Cette tâche lui fut rendue aisée par son amour extrême pour la science, par sa grande ardeur pour acquérir toutes les vertus et par son désir de ressembler aux monarques sages. Tout le monde alors se prit à lire les livres et à étudier les doctrines des Anciens. Ce prince mourut en safâr 366/septembre 976.

Après ce Khalife, son fils Hishâm al-Mu'ayyad bi-llah fut proclamé. Comme ce prince était encore mineur, son *hâjib* [Premier ministre] se saisit du pouvoir, en Andalousie. Il se nommait Abû 'Âmir Muhammad ibn 'Abd Allah ibn Muhammad ibn 'Abd Allah ibn Abî 'Âmir ibn Muhammad ibn al-Walîd ibn 'Abd al-Malik ibn 'Âmir al-Ma 'âfirî al-Kahtânî. Dès qu'il fut maître de l'empire, Abû 'Âmir se rendit dans les bibliothèques d'al-Hakam, père de Hishâm, qui contenaient les ouvrages dont il a été parlé et d'autres, fit sortir toutes les espèces d'écrits qui s'y trouvaient, en présence de quelques théologiens, et ordonna à ces derniers de mettre de côté, à l'exception des traités de médecine et d'arithmétique, ceux des livres qui traitaient des sciences anciennes : logique, astronomie et autres sciences cultivées par les Anciens. Quand on eut séparé ces livres de tous ceux relatifs à la lexicographie, à la grammaire, à la poésie, à l'histoire, à la médecine, à la jurisprudence, à la Tradition, enfin aux sciences admises chez les Andalous (seul échappa ce qui se trouvait [confondu] avec ces derniers écrits mais c'était peu de chose), Abû 'Âmir commanda de brûler et de détruire ces ouvrages traitant des sciences anciennes. Certains furent donc livrés à la flamme; d'autres furent jetés dans les puits du Palais et enfouis sous de la terre et des pierres ou furent détruits de quelque autre manière. Abû 'Âmir agissait ainsi pour se concilier le peuple d'Andalousie et pour stigmatiser à ses yeux les principes du Khalife al-Hakam. Ces sciences, en effet, étaient mal vues des vieilles gens et critiquées par les grands. Quiconque les étudiait était suspect à leurs yeux d'hérésie et tenu pour entaché d'hétérodoxie. La plupart de ceux qui alors s'étaient mis à étudier la philosophie, perdirent leur ardeur, se terrèrent et gardèrent secret ce qu'ils savaient de ces sciences. Les hommes de talent de ce temps, jusqu'à l'effondrement de la dynastie umaiyade, en Espagne, ne cessèrent de celer ainsi leur savoir, et de cultiver seulement au grand jour celles des sciences qu'il leur était permis d'étudier comme l'arithmétique, la science des partages successoraux (*farâ'id*), la médecine et quelques sciences similaires.

Averroès est né une quarantaine d'années après la mort de Sâ'id (1070).

Au début du cinquième siècle de l'Hégire [XIe de J.-C.], l'empire fut partagé entre ceux à qui la chose fut possible. Des principautés se constituèrent et chacun de ceux qui en étaient maîtres prit pour capitale une des villes principales de la Péninsule. Cependant, l'attention des émirs régnant dans la cité la plus importante, Cordoue, détournée par l'apparition de ces principicules, cessa de s'attacher à persécuter et à poursuivre les savants. Les troubles forcèrent d'autre part à vendre les bibliothèques et tous les meubles que renfermait le Palais de Cordoue. Cela fut cédé à vil prix et pour une somme infime. Les ouvrages de ces bibliothèques furent dispersés dans toutes les contrées de l'Andalousie. Parmi eux, on retrouva des fragments précieux des sciences anciennes qui avaient échappé aux mains de ceux chargés de détruire la bibliothèque d'al-Hakam, au temps d'al-Mansûr ibn Abî 'Âmir. De plus, tous ceux qui, dans le peuple, possédaient des ouvrages traitant des sciences anciennes, montrèrent ce qu'ils détenaient. À partir de ce moment, le désir d'apprendre ce qu'avaient su les Anciens, ne cessa de croître peu à peu, les capitales des principautés, de plus en plus, jusqu'à notre époque, devinrent des centres intellectuels. La période actuelle – Allah en soit loué! –, en ce qui touche la reconnaissance des sciences [anciennes] et l'absence d'entrave à leur développement, est la plus propice qui fût en Andalousie jusqu'au jour où les princes se détournèrent de ces sciences anciennes et autres. Malheureusement, les esprits étant préoccupés par les maux dont souffrent les frontières du fait des Chrétiens qui, d'année en année, s'emparent des confins de l'Andalousie, – préoccupés par l'impuissance où sont les Musulmans de défendre ces contrées contre les envahisseurs, les hommes avides de science se font plus rares et ne sont plus que quelques-uns en Espagne.

Sâ'id al-Andalusî,
Kitâb Tabakât al-Umam,
trad. R. Blachère, Paris, 1935

Les rivalités entre savants

En introduction à ses Clefs de l'astronomie, *dédiées à un prince du Tabarestan (au nord de l'Iran) vers la fin du Xe siècle, al-Bîrûnî fait l'historique des recherches menées par les savants arabes pour simplifier les calculs de l'astronomie sphérique à l'aide d'un substitut à la méthode dite de la «figure secteur», héritée des Grecs.*

Ainsi en fut-il jusqu'à l'époque actuelle, notre époque si étonnante, si prodigieusement féconde, mais non exempte de contradictions. J'entends par là que si nos contemporains voient se multiplier les domaines de la connaissance, s'ils sont naturellement enclins à rechercher en toute science la perfection, s'ils réussissent même, par des mérites accrus, là où les Anciens les plus illustres avaient échoué, on trouve chez eux des comportements qui contrastent avec ce que nous venons de dire. Une âpre rivalité oppose ceux qui sont en compétition. Ils se jalousent mutuellement. Querelles et disputes l'emportent au point que chacun envie l'autre et se glorifie de ce qui n'est pas de lui. Tel pille les découvertes d'autrui, se les attribue et en tire profit, et il voudrait encore que l'on feigne de ne pas s'en apercevoir; mieux, qui dénonce son imposture est aussitôt pris à partie et exposé à sa vindicte. Ainsi l'a-t-on vu au sein d'une élite de nos contemporains à propos de la construction de l'heptagone régulier, de la trisection de l'angle et de la duplication du cube. C'est aussi ce qui se produit entre un certain nombre de savants au sujet d'une figure aisée à comprendre, facile à utiliser, qui vise les mêmes objectifs que la «figure secteur» et la remplace parfaitement dans toutes ses applications.

Moi qui suis dénué de toute partialité et de tout parti pris, qui sais attribuer à qui de droit des mérites auxquels je ne peux prétendre, qui me plais à les reconnaître en autrui et à les proclamer, je veux rapporter fidèlement tout ce que je sais de ces hommes de science et de leurs propos.

Al-Bîrûnî,
Kitâb Maqâlîd 'Ilm Al-Hay'a, La Trigonométrie sphérique chez les Arabes de l'Est à la fin du Xe siècle,
éd. et trad. Marie-Thérèse Debarnot,
Damas, Institut français de Damas, 1985

Les jeux de l'essor et du déclin

Achevée en une première mouture en 1377, la longue introduction d'Ibn Khaldûn à son ouvrage d'histoire comporte, entrecoupée par des versets du Coran, de lucides propos sur les conditions politiques et sociales de l'éveil aux sciences.

Parmi les plus grands (philosophes) musulmans, on citera Abû-Nasr al-Fârâbî et Abû-'Alî Ibn Sînâ (Avicenne), en Orient, le cadi Abû-l-Walîd b. Rushd (Averroès) et le vizir Abû-Bakr b. as-Sâ'igh (Avempace), en Espagne.
Mais d'autres encore sont parvenus au sommet des sciences intellectuelles. Ces savants sont les plus réputés, ont le plus grand prestige. D'autres se bornèrent à l'étude des mathématiques et des sciences connexes – astrologie, magie, talismans. Les plus fameux d'entre eux sont Jâbir b. Hayyân, en Orient, et, en Espagne, Maslama b. Ahmad al-Majrîtî (le Madrilène) et ses disciples.

Ces sciences intellectuelles et leurs représentants parvinrent à contaminer quelque peu l'islâm. Beaucoup de musulmans, dans leur ardeur à apprendre, se laissèrent séduire. Ceux qui commettent ce péché doivent en subir les conséquences – mais, «si Dieu l'avait voulu, ils ne l'auraient pas fait» (VI, 137). Plus tard, lorsque le vent de la civilisation (*rîh al-'umrân*) eut cessé de souffler sur le Maghreb et sur l'Espagne, les sciences y déclinèrent et toute activité scientifique y disparut, à l'exception de rares traces individuelles, soumises à la surveillance des docteurs sunnites. On nous dit que les sciences intellectuelles sont encore fortement représentées en Orient, surtout dans l'Irâq persan et, plus à l'est, en Transoxiane. Les habitants de ces régions réussiraient parfaitement dans les sciences intellectuelles et traditionnelles, à cause du haut degré de leur civilisation et de la solidité de leur culture sédentaire [...]. Je viens d'apprendre que les sciences philosophiques sont en grande faveur au pays de Rome et sur la rive nord voisine du pays des Francs. On m'assure qu'on les étudie de nouveau et qu'on les enseigne dans de nombreux cours. Il y aurait de très nombreux traités de sciences, beaucoup de gens pour les connaître et d'étudiants pour les apprendre. Mais Dieu en sait plus long que moi, car « Il crée ce qu'il veut et choisit ce qui est le meilleur » (XXVIII, 68).

Ibn Khaldûn, *Discours sur l'Histoire universelle (*Al-Muqaddima*)*,
trad. Vincent Monteil,
Paris, «Thesaurus», Sindbad, 1978

Les récits des voyageurs ou poètes

Les récits de voyageurs ou l'évocation lyrique d'un poète restituent par bribes tout un passé technologique. Le lettré musulman Ibn Jubayr et le philosophe anglais Daniel de Morley furent d'exacts contemporains. Dans la seconde moitié du XIIe siècle, l'un partit d'Andalousie pour l'Orient, l'autre fit un voyage studieux à Tolède. Quant au poète Ibn Zamrak, ses œuvres, composées entre 1362 et 1392, demeurent inscrites sur les murs de l'Alhambra de Grenade.

L'un des hôpitaux du Caire

Ibn Jubayr décrit l'hôpital construit en 1182-1183 sur l'ordre du sultan Saladin.`

Nous avons aussi visité l'hôpital qui se trouve au Caire et qui est un des titres de gloire du sultan; c'est un palais très beau et très vaste qu'il a ouvert au public afin que son acte soit rétribué et lui soit compté au jour du Jugement dernier. Le sultan a désigné un administrateur choisi parmi les savants; il lui a confié la pharmacie, lui a permis de préparer des potions et de les prescrire selon leurs vertus; il a installé des salles, dans ce palais, avec des lits occupés par des malades et entièrement équipés. Cet administrateur a sous ses ordres des agents chargés de veiller sur les patients, matin et soir, et de leur servir les repas et les boissons adaptés à leur cas. À côté de cet hôpital, il y a un établissement réservé aux femmes avec des infirmiers qui veillent sur elles. Un troisième édifice, fort vaste, jouxte les deux premiers, dans lequel on voit des pièces grillagées, destinées aux fous soignés eux aussi par des infirmiers qui, chaque jour, s'enquièrent de leur état et leur fournissent le nécessaire.

Ibn Jubayr,
Voyageurs arabes,
Paris, «Bibliothèque de la Pléiade»,
Gallimard, 1995

L'aménagement du Nil et le nilomètre

Le nilomètre, toujours visible, est antérieur à Saladin. Il remonte au IXe siècle.

Signalons encore parmi les titres de gloire de ce sultan et ses œuvres dont le bénéfice est durable pour les musulmans, les ponts dont il a entrepris la construction à l'ouest de Misr, à une distance de sept milles, au bout d'une digue qu'il a bâtie sur la rive du Nil, près de Misr, et qui ressemble à une montagne étendue sur le sol : elle a six milles de long et rejoint le pont dont nous avons parlé, qui a environ quarante arches plus grandes que celles dont est généralement doté un pont. Cet ouvrage jouxte la plaine qui conduit à Alexandrie. C'est là une mesure étonnante telle que celles que prennent les souverains à poigne, mesure qui a pour but de se prémunir contre une attaque imprévue de l'ennemi contre la place frontière d'Alexandrie, lorsque le Nil est en crue et que le sol est inondé, et aussi d'empêcher les armées de progresser. Le sultan a fait de ce pont un passage praticable, au besoin, à tout moment. Que Dieu, de par Sa bienveillance, repousse toute attaque inopinée contre le territoire musulman! [...]

Sur la rive est du Nil, se trouve un village important dont les édifices sont considérables et qui s'appelle Guizeh; s'y tient, le dimanche, un grand marché très fréquenté. Entre ce village et Misr, on voit une île où sont édifiées de belles maisons et des belvédères dominant le fleuve, où l'on se réunit pour se distraire et s'amuser. Entre cette île et Misr, coule un bras du Nil qui la longe sur un mille et qui est sans issue. Dans cette île, a été construite une mosquée où est prononcée la *khutba* [harangue politico-religieuse] avec, la jouxtant, le Nilomètre qui marque la hauteur de la crue annuelle du Nil lorsqu'il déborde. Cette crue commence en juin, est au maximum en août et se termine au début d'octobre. Ce Nilomètre est un pilier octogonal en marbre blanc, placé dans un endroit où le lit du fleuve est resserré. Il est gradué en vingt-deux coudées, chacune divisée en vingt-quatre degrés, appelés doigts. Lorsque l'eau monte jusqu'à la dix-neuvième coudée, on estime que ce sera une excellente année. Alors, le territoire inondé est très vaste. Pour une crue moyenne, le niveau monte jusqu'à la dix-septième coudée, ce qui est ici considéré comme préférable à la crue maximum. Le sultan a le droit de prélever l'impôt foncier, en Égypte, lorsque le niveau de l'eau atteint seize coudées et davantage. La bonne nouvelle est annoncée par celui qui surveille, chaque jour, la crue. Celle-ci s'évalue en degrés de coudée et est relevée jusqu'à ce qu'elle atteigne son maximum. Si elle n'atteint pas seize coudées le sultan ne peut lever ni tribut, ni impôt foncier.

Idem

La « Mangana » de Damas

La monumentale horloge à eau de Damas, construite avec ses automates dans la seconde moitié du XIIe siècle, dut à sa complexité quelques pannes.

À droite, quand on sort par la porte Jayrûn, se trouve dans le mur de la galerie antérieure une pièce haute qui a la forme d'une grande fenêtre circulaire, percée de fenêtres en cuivre jaune pourvues de petites portes aussi nombreuses que les heures de la journée et aménagées avec beaucoup d'art. Quand une heure s'est écoulée, deux boules de cuivre jaune tombent du bec de deux faucons du même métal et qui se tiennent chacun sur une écuelle en cuivre jaune : l'un sous la première porte et l'autre sous la dernière. Les écuelles sont percées : quand les deux boules y tombent, elles retournent à l'intérieur de la pièce derrière la cloison. On voit les faucons, sous le poids des boules, tendre le cou vers les écuelles et les laisser tomber rapidement. Le mécanisme est si curieux qu'on croirait qu'il fonctionne par magie. Lorsque les boules tombent dans les écuelles, on entend le bruit. Alors la porte qui correspond à l'heure qui vient de s'écouler se referme immédiatement grâce à une plaque de cuivre jaune. Ainsi, marche le mécanisme après chaque heure écoulée jusqu'à ce que toutes les portes soient refermées et que la journée soit terminée. Alors tout revient à la position première.

Pendant la nuit, le mécanisme marche différemment. En effet, dans l'arcade qui s'incurve au-dessus de ces fenêtres, on voit douze disques ajourés de cuivre jaune dans chacun desquels s'adapte une vitre à l'intérieur du mur de la pièce haute. Le mécanisme est aménagé derrière ces fenêtres. Derrière la vitre est placée une lampe que l'eau fait tourner en une heure. Lorsqu'une heure s'est écoulée, la vitre reflète entièrement la lumière de la lampe et les rayons inondent le disque placé devant elle. On voit, alors, le disque rougir. Puis, le même mécanisme se répète sur le suivant jusqu'à ce que toutes les heures de la nuit se soient écoulées et que tous les disques soient devenus rouges. C'est un surveillant qui se tient dans la pièce qui est chargé de veiller au bon fonctionnement car il est instruit de la marche et du mouvement de l'horloge; il ouvre de nouveau les portes et remet les boules en place. On appelle cela al-Mangana [l'Horloge].

Idem

Le souvenir d'Azarquiel à Tolède

Les fontaines-horloges, construites peu avant 1085, par l'astronome Azarquiel, indiquaient à la fois les heures et les phases de la Lune. Daniel de Morley, à Tolède dans les années 1160, attribue leur construction aux Romains.

Hors les murs de la ville de Tolède, au bord du Tage, sur un lieu quelque peu élevé, s'épanchent deux fontaines, invention due à l'ingéniosité des antiques païens. L'eau y est conduite artificiellement en des voies souterraines jusqu'à ce que jaillissant par deux petits trous elle soit recueillie en des urnes jumelles de pierre que les Tolédans appellent «conques». À la pleine lune, ces conques sont emplies à ras bord, si exactement qu'aucune goutte ne s'en écoule et qu'il n'est pas possible non plus d'en ajouter la moindre. Tant que le monde durera, ces conques seront toujours emplies, même si l'on y puise de l'eau.

Quand la lune perd en partie de sa lumière pour n'être que demi-pleine, alors l'eau se retire et ne dépasse pas la moitié des conques. Et si l'on versait continûment dans ces petites vasques tout le Tage, cela ne les emplirait pas et l'eau n'y augmenterait pas.

Daniel de Morley, *Philosophia*, éd G. Maurach, *Mittellateinisches Jahrbuch*, n° 14, 1979, trad. Danielle Jacquart

L'Alhambra et l'astrologie

Dans la Grenade du XIV

Béni soit celui qui donna à l'Imam Mohammed [V] un palais surpassant tous ses rivaux par sa beauté parfaite. Voici le jardin qui contient des merveilles si éclatantes que Dieu ne permet qu'il en existe de semblable. [...] «Je suis le jardin, qui chaque matin, resplendit de toutes les séductions. Contemple donc ma beauté : tu comprendras ma profonde signification. Je suis éternellement parfait, grâce à la générosité de mon Maître, l'Imam Mohammed [V].»

Sa perfection, cet édifice qui les dépasse tous, la tient des heureux présages des étoiles. Tant de beauté réunie en ce lieu réjouit les yeux, et les rêves les plus fous s'y réalisent. La nuit venue, les Pléiades bénéfiques lui confèrent toutes les faveurs divines. À l'aube, le souffle d'une brise délicieuse l'éveille. Dans ce palais s'épanouit une coupole si haute que son sommet échappe au regard. Il en émane une beauté visible et invisible. La constellation des Gémeaux lui confère ses bienfaits, et les rayons de la pleine Lune qui tombent du ciel s'empressent de nouer avec elle de secrets dialogues. Les étoiles étincelantes rêvent d'y prendre place à jamais, pour ne pas poursuivre immuablement leur course dans l'espace sans fin de la sphère céleste. Plutôt que de rester devant sa porte, elles souhaiteraient être ses esclaves, pour le servir et combler ses vœux. Rien de surprenant si cette coupole immense dépasse en splendeur les étoiles de la voûte céleste, et si ses trajectoires franchissent les bornes lointaines. Car cette salle qui s'élève si haut dans le ciel peut remplir ainsi sa fonction divinatoire : désormais, elle s'est acquis les plus hauts mérites. Ses voûtements qui confinent à la perfection et qui lui valent d'égaler en beauté le firmament étoilé ont reçu

tant d'ornements qui l'embellissent, et tant de motifs polychromes la parent qu'on en oublierait les brocarts du Yémen. De nuit, les multiples arcs qui la supportent s'élancent par-dessus les colonnes luisantes. Les sphères célestes qu'on y contemple tournent sans cesse sur leurs orbites, éclipsant piliers et arcades jusqu'à l'aurore qui fait réapparaître leurs structures après la nuit. La perfection de ses chapiteaux est si miraculeuse que leur célébrité proverbiale s'est répandue au loin. Dans ce palais, la lumière brille sur le marbre, illuminant l'ombre qui baigne les zones ténébreuses. Et lorsque les rayons du soleil éclairent ses colonnes, on croirait voir des parures de perles, tant sont nombreux les corps célestes qui étincellent.

Jamais on n'a vu palais plus somptueux, aux proportions plus grandioses, dont les salles d'assemblée soient si vastes. Jamais on n'a vu de jardin plus agréable par la fraîcheur, par les parfums entêtants et par la suavité des fruits qu'il dispense.

Ibn Zamrak, d'après *Poemas arabes en los muros y fuentes de la Alhambra*, par Emilio Garcia Gomez, Madrid, 1985, traduit de l'espagnol *in* Henri et Anne Stierlin, *Alhambra*, Paris, Imprimerie nationale, 1991

L'utilité de la science

La notion d'utilité est souvent mise en avant dans les ouvrages scientifiques. Elle s'applique à une variété d'objectifs. La traduction géométrique d'observations pouvait servir, par exemple, à la construction de phares. L'arithmétique indienne rend plus rapides les calculs. L'utilité est encore plus patente lorsqu'il s'agit de déterminer les bienfaits ou la nocivité des aliments.

De l'observation à la géométrie pour le bien de l'homme

Traité d'al-Qûhî (Bagdad et Chîraz, fin Xe siècle) «Sur la connaissance de la grandeur de ce que l'on voit du ciel et de la mer à partir du sommet d'une chose élevée».

Les avantages de la science du contenu de ce traité sont nombreux, particulièrement pour celui qui veut bâtir dans une île, en mer, un signal grâce auquel, par ce qui s'élève de son sommet – du feu pendant la nuit et de la fumée pendant le jour – les voyageurs sont guidés – et cela sera un moyen de les garder de sombrer. Et il pourra ainsi aspirer à se rapprocher de Dieu Très-Haut, à s'attirer la récompense dans l'autre monde et la renommée et les compliments dans ce monde-ci. Il saura en effet par cette science quelle est la grandeur de la distance à laquelle on voit le sommet de toute chose élevée sur la surface de l'eau de la mer; il commencera par construire ce qui est possible, sans convoiter ce qui n'est pas possible; et suivra la connaissance de ce qui relève de cette chose et de ce qui n'en relève pas, ainsi que d'autres avantages qui, si je les mentionne, allongeraient mes propos; or mon but n'est pas d'allonger. Résumons et disons que dans ce traité il y a la science pour connaître la grandeur de ce qu'on voit de la surface de l'eau de la mer à partir du sommet d'une chose élevée sur celle-ci; pour connaître la grandeur de l'excédent de la partie apparente du ciel sur lequel il y a les étoiles fixes, sur la partie cachée au sommet de cette chose élevée ; et pour connaître la hauteur de cette chose par rapport à la surface de l'eau de la mer.

1 – Nous voulons montrer que si la hauteur d'une chose par rapport à la surface de l'eau de la mer est connue, alors la grandeur de ce que l'on voit de la surface de l'eau de la mer, à partir du sommet de cette chose, est connue. […]

2 – Nous voulons montrer que si la hauteur d'une chose quelconque par rapport à la surface de l'eau de la mer est connue, alors la grandeur de l'excédent de ce qu'on voit du ciel à partir du sommet de cette chose élevée sur la surface de l'eau, sur ce que l'on n'en voit pas, est connue. […]

3 – Nous voulons montrer que si la grandeur de la surface de l'eau de la mer apparente à partir du sommet d'une chose élevée est connue, alors la hauteur de cette chose par rapport à la surface de l'eau est connue. [...]

4 – Nous voulons montrer que si la grandeur de la surface de l'eau de la mer, apparente à partir du sommet d'une chose élevée sur celle-ci, est connue, alors la grandeur de l'excédent de ce qu'on voit du ciel sur ce que l'on n'en voit pas à partir du sommet de cette chose élevée est connue. [...]

5 – Nous voulons montrer que si la grandeur de l'excédent de la partie apparente du ciel à partir du sommet d'une chose élevée sur la surface de l'eau de la mer, sur ce qui lui est caché, est connu, alors la grandeur de la surface de l'eau de la mer, apparente à partir du sommet de cette chose, est connue. [...]

6 – Nous voulons montrer que si la grandeur de l'excédent de la partie apparente du ciel, à partir du sommet d'une chose élevée sur la surface de l'eau de la mer, sur ce qui lui est caché, est connue, alors la grandeur de la hauteur de cette chose élevée sur elle est connue. [...]

De la même manière pour la surface de la terre si elle est aussi régulière que l'eau de la mer, c'est-à-dire que rien ne soit élevé sur elle – comme les collines et leurs analogues – qui empêche de voir ce qui est derrière.

Oriens-Occidens n° 4, 2002,
trad. Roshdi Rashed

La recherche de la légèreté et de la brièveté en arithmétique

Élaborée au XIIe siècle, cette adaptation latine du traité d'Al-Khwârizmî (IXe siècle) sur le «calcul indien» semble proche de l'original arabe (perdu).

Al-Khwârizmî a dit : rendons à Dieu, notre guide et notre protecteur, de justes hommages qui lui rendent son dû et répandent sa gloire en la faisant s'accroître. Prions-le qu'il nous guide sur le sentier de la droiture, qu'il nous conduise sur la voie de la vérité, et qu'il nous aide du haut de sa toute puissance dans ce que nous avons décidé d'exposer et de révéler à propos du nombre selon les Indiens exprimé par 9 lettres (grâce auxquelles ils ont exposé tous leurs nombres), pour une raison de légèreté et de brièveté, c'est-à-dire pour que cette œuvre soit rendue plus légère à celui qui cherche l'arithmétique, c'est-à-dire un nombre tant très grand que très petit et tout ce qui ressort de la multiplication, de la division, de la jonction et de la destruction et ainsi de suite.

Al-Khwârizmî a dit : J'avais vu les Indiens utiliser 9 lettres pour tous leurs nombres grâce à une disposition qui leur est propre et qu'ils ont posée, et j'ai voulu dès lors révéler à propos de l'œuvre qui les utilise quelque chose qui fût plus léger pour ceux qui apprennent, si Dieu veut. Dès lors que les Indiens ont eu cette volonté et que leur effort dans ces 9 lettres a constitué la matière qui m'a été ouverte, Dieu m'a conduit jusque là. S'ils ont fait cela pour une autre raison que celle que j'ai exposée, la même question pourra être résolue avec certitude et sans la moindre ambiguïté par ce que j'ai exposé, et s'ouvrira avec légèreté à ceux qui regardent et qui apprennent.

Ils ont fait 9 lettres dont les représentations sont les suivantes : 987654321.

[...]

J'ai déjà expliqué dans le livre d'alg[a]br et almucabalah, c'est-à-dire de reprise et de rejet, que tout nombre

est composé et que tout nombre est formé sur l'unité. L'unité se trouve donc dans tout nombre. Et c'est ce qui est dit dans un autre livre d'arithmétique, que l'unité est l'origine de tout nombre et existe en dehors d'un nombre : elle est l'origine d'un nombre puisqu'on trouve tout nombre par elle; elle existe en dehors d'un nombre puisqu'on la trouve par elle-même, c'est-à-dire en l'absence d'un autre nombre quelconque.
Or un autre nombre ne peut être trouvé sans elle. En effet, quand tu dis un, par sa propre création il n'a pas besoin d'un autre nombre; un autre nombre par contre a besoin de un, puisque tu ne peux dire deux ou trois si ce n'est que un précède. Un nombre n'est donc rien d'autre sinon une collection d'unités, et en vertu de ce que nous avons dit, tu ne peux dire deux, ou trois, sans que un précède. Nous n'avons pas dit cela en paroles, pour ainsi dire, mais en réalité. En effet, on ne peut dire deux, ou trois, s'il est fait abstraction de l'unité, alors que un peut exister sans deux ou trois. Ainsi, deux ne sont rien d'autre que la duplication ou redoublement de un, et de même trois ne sont rien d'autre sinon le triplement de la même unité. Comprends de même pour le reste. Mais revenons maintenant au livre.

J'ai trouvé, dit al-Khwârizmî, tout ce qui peut être dit par le nombre et qu'existe tout ce qui excède un jusque 9, c'est-à-dire qui est entre 9 et un. C'est-à-dire qu'on double un et on obtient deux, on triple le même un et on obtient trois, et ainsi de suite jusque 9. Ensuite, on pose 10 à la place de un, et on double 10 et on triple comme on l'a fait pour un, et on obtient 20 de ce doublement, 30 de ce triplement, et ainsi jusque 90. Après cela arrivent 100 à la place de un, et on double et on triple comme on l'a fait pour un et pour 10, et on obtient de ces opérations 200 et 300 et ainsi de suite jusque 900.
On pose de nouveau mille à la place de un, et en doublant et triplant comme nous l'avons dit, on obtient de ces opérations 2 milliers et 3 milliers et ainsi de suite jusqu'un nombre infini selon cette manière. Et j'ai trouvé que les Indiens ont opéré à partir de ces positions. Dans celles-ci, la première position est celle des unités, où est doublé et triplé tout ce qui est entre un et 9, la seconde position celle des dizaines, où est doublé ou triplé tout ce qui est de 10 à quatre-vingt-dix, la troisième position celle des centaines, où est doublé ou triplé tout ce qui est de 100 à 900. La quatrième position est celle des milliers, où est doublé et triplé tout ce qui est de mille à 9 000.
La cinquième position est 10 000 de cette manière : autant de fois que croît un nombre s'ajoutent les positions.
La disposition d'un nombre sera la suivante : tout nombre qui se trouve en position supérieure sera 10 dans la position inférieure qui se trouve avant la première, et tout ce qui est 10 en position inférieure sera un en position supérieure qui la précède. Et le début des positions sera à la droite de celui qui écrit, et ce sera la première, posée elle-même pour les unités. Mais comme on pose 10 à la place de un et qu'ils arrivent en seconde position, et que leur représentation est la représentation de un, une représentation de dizaines a été pour eux nécessaire puisqu'elle était semblable à la représentation de un, afin que l'on sache par elle qu'il s'agissait de 10. Ils ont donc posé devant celle-ci une position et posé en elle un petit cercle en ressemblance avec la lettre 0, pour savoir par là que la position des unités était vide, qu'il n'y

avait en elle rien d'un nombre sinon ce petit cercle dont nous avons dit qu'il l'occupait, et pour montrer que le nombre qui se trouve en position suivante était une dizaine et que c'était là la seconde position qui est la position des dizaines. Et ils ont posé après le zéro dans la seconde position susdite ce qu'ils ont voulu de nombre de dizaines qui est entre 10 et 90.

« Le Calcul indien » d'al-Khwârizmî,
trad. André Allard
d'après une version latine,
Paris-Namur, 1992

L'utilité et la nocivité des aliments

Suivant l'exemple des astronomes, le médecin Ibn Butlân, au XIe siècle, introduit les tables de son «Almanach de la santé» par des «canons» ou règles générales.

A. Les canons qui permettent de connaître la nature des aliments sont au nombre de quatre [...].

Le quatrième canon s'attache à déduire l'utilité et la nocivité apportées par les aliments, et à repousser cette nocivité grâce à la mesure et à l'expérience. En ce qui concerne la mesure, le sucré assoiffe par sa chaleur, produit de la bile en se décomposant, provoque la diarrhée par sa faculté détergente, cause des obstructions en raison de sa valeur nutritive élevée et cela quand il se répand dans les membres en grande quantité.

L'acide tempère la bile, provoque des flatulences par sa froideur, il est nocif pour les nerfs et les viscères par sa subtilité et la profondeur [de sa pénétration]. Il est moins froid que le styptique et moins actif que le piquant.

Le salé déterge le flegme, assoiffe par sa chaleur, dessèche par sa sécheresse et rend la poitrine rêche à cause des deux. Il est moins actif que l'amer dans tous ses effets.

Le gras est très nutritif, il provoque la flaccidité, il est indigeste, purgatif à cause de son action abondamment humidifiante et il est moins équilibré que le sucré.

L'astringent rend la langue et la poitrine rêches par [sa faculté] constrictive. Il constipe et excite l'appétit par sa froideur. Le styptique a la même mesure mais est moins actif dans ses autres effets.

L'amer a sur la langue un effet incisif et râpeux à cause de l'intensité de sa chaleur. Il est peu nutritif à cause de sa sécheresse et laxatif.

Il fait déposer le flegme par son action émolliente et sa chaleur. Le piquant a la même mesure mais il est moins actif dans ses autres effets. L'insipide refroidit.

Pour corriger la nocivité de l'un par l'autre : le sucré et l'acide corrigent mutuellement leur nocivité. L'acide neutralise le salé. Et le contraire. Le salé et le gras se corrigent mutuellement. L'astringent corrige le gras et le sucré qui à leur tour corrigent l'astringent lui-même. L'amer est prévenu par le très sucré. Et le contraire.

C'est ainsi qu'est levé ce doute interminable concernant le retrait de la nocivité des aliments. Quant aux déductions [résultant] de l'expérience, la preuve concrète les confirme et l'évidence sensible les montre [par examen] du pouls, de la respiration et du tact : ce qui a les effets de la chaleur est chaud.

Ibn Butlân,
Taqwîm al-Sihha,
trad. H. Elkhadem,
Peeters, Louvain, 1990

Le renouveau des disciplines

Les auteurs arabes firent évoluer de diverses manières les disciplines héritées de l'Antiquité grecque. L'introduction de l'algèbre et l'invention de son vocabulaire, l'autonomie progressive de la trigonométrie renouvelèrent les mathématiques. Le développement de l'alchimie apporta également des modifications notables en médecine.

Les métaphores de l'algèbre

'Umar al-Khayyâm (1048-1131) exerça son talent dans divers domaines.

La vie passe. Qu'est-ce que Balkh ?
Qu'est-ce que Bagdad ?
La coupe se remplit. Qu'importe que ce soit d'amertume
Ou de douceur! Bois! Sache que longtemps après nous
La Lune maintiendra la course qui lui fut imposée.

Les Quatrains d'Omar Khayyam, trad. du persan par le Sayed Omar Ali-Shah, trad. de l'anglais par Patrice Ricord, Paris, Albin Michel, 2005

Il fut un algébriste de premier plan, notamment dans ses recherches sur les équations cubiques.

Avec l'assistance de Dieu et avec son concours précieux, je dis : L'algèbre est un art scientifique. Son objet, ce sont le nombre absolu et les grandeurs mesurables, étant inconnus, mais rapportés à quelque chose de connu de manière à pouvoir être déterminés; cette chose connue est une quantité ou un rapport individuellement déterminé, ainsi qu'on le reconnaît en les examinant attentivement ; ce qu'on cherche dans cet art, ce sont les relations qui joignent les données des problèmes à (l'inconnue), qui de la manière susdite forme l'objet de l'algèbre. La perfection de cet art consiste dans la connaissance des méthodes mathématiques au moyen desquelles on est en état d'effectuer le susdit genre de détermination des inconnues, soit numériques, soit géométriques [...].

Il est d'habitude chez les algébristes de nommer dans leur art l'inconnue qu'on se propose de déterminer «chose», et son produit en elle-même «carré», le produit de son carré en la chose «cube», le produit de son carré en lui-même «carré-carré », le produit de son cube en son carré «quadrato-cube», le produit de son cube en lui-même «cubo-cube», et ainsi de suite à une étendue quelconque. [...]

Les résolutions algébriques ne s'effectuent, qu'à l'aide de l'équation, c'est-à-dire en égalant ces degrés les uns aux autres, comme cela est bien connu. Si l'algébriste emploie le carré-carré dans des problèmes de mesure, cela doit s'entendre métaphoriquement et non pas proprement, puisqu'il est absurde que le carré-carré soit au nombre des grandeurs mesurables. Ce qui rentre dans la catégorie des grandeurs mesurables, c'est d'abord une dimension, à savoir la racine ou, par rapport à son carré, le côté; puis deux dimensions: c'est la surface; et le carré (algébrique) fait partie des grandeurs mesurables, étant la surface carrée. Enfin trois dimensions : c'est le solide; et le cube se trouve parmi les grandeurs mesurables, étant le solide terminé par six carrés. Or comme il n'y a pas d'autre dimension, il ne peut rentrer dans la catégorie des grandeurs mesurables ni le carré-carré, ni à plus forte raison les degrés supérieurs. Et si l'on dit que le carré-carré fait partie des grandeurs mesurables, cela se dit par rapport à sa valeur réciproque employée dans les problèmes de mesure et non pas parce que les quantités carré-carrées elles-mêmes soient mesurables, ce qui constitue une différence. Le carré-carré ne fait donc partie des grandeurs mesurables ni essentiellement ni accidentellement; et on ne peut le comparer au pair et à l'impair qui en font partie accidentellement, par rapport au nombre au moyen duquel la continuité des grandeurs mesurables est représentée comme discontinue.

Ce qu'on trouve dans les ouvrages des algébristes, relativement à ces quatre quantités géométriques, entre lesquelles se forment les équations, à savoir : nombres absolus, côtés, carrés et cubes, ce sont trois équations renfermant le nombre, des côtés et des carrés [$x^2 + bx = a$, $x^2 + a = bx$, $x^2 = a + bx$]. Nous allons, au contraire, proposer des méthodes au moyen desquelles on pourra déterminer l'inconnue dans l'équation renfermant les quatre degrés dont nous venons de dire que ce sont eux exclusivement qui peuvent faire partie des grandeurs mesurables, à savoir : le nombre, la chose, le carré et le cube.

F. Wœpcke, *L'Algèbre d'Omar Alkhayyâmî*, Paris, 1851

De l'astronomie à la trigonométrie

Thâbit ibn Qurra (836-901) use du sinus pour déterminer la visibilité du croissant de lune, l'un des éléments du calendrier musulman.

Définition des trois arcs fondamentaux.

Pour savoir si le croissant sera visible, nous pouvons avoir besoin de connaître la valeur de trois arcs.

Le premier arc est la distance entre le centre du soleil et celui de la lune. C'est de sa valeur que dépend la quantité de la portion visible du corps éclairé de la lune; cet arc nous permet de connaître cette grandeur, nous l'appellerons : «arc de luminosité de la lune».

Le deuxième arc est la distance entre le soleil et le point de l'horizon qui en est le plus proche. Cet arc est pris sur l'un des cercles de hauteur, celui qui passe par le centre du soleil et qui est perpendiculaire à l'horizon. C'est de sa valeur que dépend la quantité de lumière du soleil qui reste dans l'atmosphère après son coucher; cet arc nous permet de connaître cette grandeur, nous l'appellerons : «arc de distance du soleil à l'horizon» et «arc de luminosité du soleil».

Le troisième arc est la distance, prise sur l'horizon, entre le centre de la lune au moment de son coucher, et le point le plus brillant de l'horizon, lorsqu'il se trouve que la lune ne se couche pas en ce point le plus brillant de l'horizon, qui est le pied de la perpendiculaire abaissée du soleil sur l'horizon, c'est-à-dire l'extrémité du deuxième arc mentionné précédemment.

On appelle ce troisième arc, pris sur l'horizon : «arc de distance de la lune au point où se manifeste la luminosité du soleil».

Le besoin que l'on a de connaître ce troisième arc n'est pas comparable à celui que l'on a de connaître les deux autres : pour savoir si le croissant sera visible, l'utilité et l'importance de ce troisième arc ne sont pas comparables à l'utilité et à l'importance des deux autres. A besoin d'en prendre connaissance celui qui désire connaître de façon rigoureuse les causes qui facilitent la visibilité du croissant ou qui s'y opposent, de telle sorte qu'il n'y ait plus aucun sujet de doute à ce propos, même si l'influence de ce troisième arc sur la visibilité est faible.
C'est sur le premier et le deuxième arc que l'essentiel du raisonnement repose, mais celui qui recherche un calcul rigoureux, comme nous l'avons dit, a besoin de connaître le troisième arc; il a besoin aussi d'utiliser la valeur de la distance terre-lune : plus les trois arcs mentionnés sont grands et la lune proche de la terre, plus la visibilité du croissant est facilitée; plus les trois arcs sont petits et la lune éloignée de la terre, plus la visibilité est difficile.

Thâbit ibn Qurra, *Œuvres d'astronomie*, trad. Régis Morelon, Paris, Les Belles-Lettres, 1987

Des minéraux au corps de l'homme

Médecin et alchimiste, al-Râzi (865-925) doit surtout sa renommée à la qualité de ses observations. Sur le plan de la théorie, il tend à faire des quatre éléments un assemblage d'atomes.

Les éléments sont des choses simples à partir desquelles se font les assemblages. De leur réunion, résultent les choses composées comme le vinaigre, le miel dont dérive l'oxymel, la cire, la graisse, la céruse ont dérive l'onguent blanc.

Il y a quatre genres de corps : les corps célestes tels les sphères célestes et les astres; les corps minéraux tels l'or, l'argent et toutes les pierres; les corps végétaux tels le palmier, l'olivier et toutes les plantes; les corps animaux tels l'homme, le cheval et tous les animaux.

Les trois genres, animal, végétal et minéral sont faits de terre, d'eau, d'air et de feu. Ce sont là leurs éléments.

Les éléments sont le substrat des corps. La preuve en est que c'est d'eux que les corps tirent leur constitution et c'est en eux qu'ils se résolvent.
Cela est clair et il suffit d'ouvrir les yeux pour le voir : les animaux se nourrissent, croissent grâce aux plantes et à l'eau.
Les végétaux se nourrissent d'eau et de terre; les minéraux ont un substrat subtil de poussière minière et d'eau.
Si un corps est privé de son substrat, il s'atrophie. Son développement et sa croissance sont interrompus. Et dès lors, il se corrompt, de même que font

l'homme privé de nourriture, le blé et l'orge privés d'eau. Mis au contact du feu, chacun de ces trois genres se résout en ses vapeurs. Ces vapeurs sont des composantes aqueuses, calorifiques, et aériennes. Leurs cendres sont leurs composantes terreuses. Si nous avons en vue l'instauration de l'art médical, il nous faut parler des conditions relatives à l'homme au milieu des éléments, de ce qui conserve sa santé et éloigne de lui les maladies.

Il y a des éléments qui sont premiers et prochains et d'autres qui sont seconds et lointains. Il en est de même pour les matières et les aliments. Les éléments premiers et prochains de l'homme sont : les os, la chair, le nerf, le cartilage et autres choses semblables. Ses éléments plus lointains sont le sperme, le sang et le lait. Les plus lointains encore sont les aliments du père et de la mère. Les éléments plus lointains de tous sont au nombre de quatre. Ils appartiennent aux trois genres (animal, végétal, minéral). Ce sont la terre, l'eau, l'air et le feu.

Trois genres de corps constituent l'homme : les esprits, les fluides et les solides. Ses esprits ce sont les vapeurs qui l'habitent; ses fluides, ses humeurs qui sont le sang, le flegme, la bile jaune et l'atrabile. Ses solides : le cartilage, l'os, la chair, et tout ce qui les environne comme la peau et autres choses semblables. […]

Hippocrate et Galien, dans *Des éléments*, ont réfuté les tenants de l'homme fait d'atomes insensibles, de même qu'ils ont réfuté l'idée selon laquelle l'homme est fait d'eau ou de terre seulement. Que l'homme ne soit pas uniquement constitué d'eau ou d'air, cela est évident : le mouvement descendant de ses organes solides vers le centre qui constitue le bas, et le mouvement ascendant de ses vapeurs s'éloignant du centre, l'attestent. Pourtant lorsque Hippocrate et Galien réfutent l'idée selon laquelle les éléments les plus lointains de l'homme sont de petits atomes insensibles, cela est faux, car ceux qui le prétendent ne disent pas que ces atomes sont des éléments proches, mais lointains et que ce sont les éléments du feu, de l'eau, de la terre et de l'air. L'homme est constitué de tous ces éléments et il est doué d'une âme. La sensibilité est relative à l'âme et à la vie, et la vie conserve le corps. J'ai dit, dans *Des doutes sur Galien*, quel rôle ils avaient dans ce sens.

Abû-Bakr Mohammad b. Zakariyya Ar-Râzî, *Guide du médecin nomade, Aphorismes,* présentés et traduits de l'arabe par El-Arbi Moubachir, liminaires de Paul Milliez, Paris, Sindbad, 1996

Regards croisés sur la science arabe depuis le XIXe siècle

L'attention portée à la science arabe n'est pas exempte de présupposés idéologiques, qui soit la dévaluent, soit en exagèrent les découvertes. Se disant par ailleurs séduit par la religion musulmane, Ernest Renan (1823-1892) voyait dans l'islam un obstacle à l'essor de la science. Admirateur de la Grèce antique, il considérait que seuls les Occidentaux avaient su imposer la rationalité, en dépit des censures religieuses. En opposition à cette vision centrée sur l'Europe, depuis le XIXe siècle, l'histoire de la science arabe est peu à peu replacée dans sa propre évolution.

Une défavorable comparaison

En effet, pendant qu'Averroès, le dernier philosophe arabe, mourait au Maroc, dans la tristesse et l'abandon, notre Occident était en plein éveil. Abélard a déjà poussé le cri du rationalisme renaissant. L'Europe a trouvé son génie et commence cette évolution extraordinaire, dont le dernier terme sera la complète émancipation de l'esprit humain. Ici, sur la montagne Sainte-Geneviève, se créait un *sensorium* nouveau pour le travail de l'esprit. Ce qui manquait, c'étaient les livres, les sources pures de l'antiquité. Il semble au premier coup d'œil qu'il eût été plus naturel d'aller les demander aux bibliothèques de Constantinople, où se trouvaient les originaux, qu'à des traductions souvent médiocres en une langue qui se prêtait peu à rendre la pensée grecque. Mais les discussions religieuses avaient créé entre le monde latin et le monde grec une déplorable antipathie; la funeste croisade de 1204 ne fit que l'exaspérer. Et puis, nous n'avions pas d'hellénistes; il fallait encore attendre trois cents ans pour que nous eussions un Lefèvre d'Étaples, un Budé.

À défaut de la vraie philosophie grecque authentique, qui était dans les bibliothèques byzantines, on alla donc chercher en Espagne une science grecque mal traduite et frelatée. Je ne parlerai pas de Gerbert, dont les voyages parmi les musulmans sont chose fort douteuse; mais, dès le XIe siècle, Constantin l'Africain est supérieur en connaissances à son temps et à son pays, parce qu'il a reçu une éducation musulmane. De 1130 à 1150, un collège actif de traducteurs, établi à Tolède sous le patronage de l'archevêque Raymond, fait passer en latin les ouvrages les plus importants de la science arabe.

Dès les premières années du XIIIe siècle, l'Aristote arabe fait dans l'Université de Paris son entrée triomphante. L'Occident a secoué son infériorité de quatre ou cinq cents ans. Jusqu'ici l'Europe a été scientifiquement tributaire des musulmans. Vers le milieu du XIIIe siècle, la balance est incertaine encore. À partir de 1275 à peu près, deux mouvements apparaissent avec évidence : d'une part, les pays musulmans s'abîment dans la plus triste décadence intellectuelle; de l'autre, l'Europe occidentale entre résolument pour son compte dans cette grande voie de la recherche scientifique de la vérité, courbe immense dont l'amplitude ne peut pas encore être mesurée.

Malheur à qui devient inutile au progrès humain! Il est supprimé presque aussitôt. Quand la science dite arabe a inoculé son germe de vie à l'Occident latin, elle disparaît. Pendant qu'Averroès arrive dans les écoles latines à une célébrité presque égale à celle d'Aristote, il est oublié chez ses coreligionnaires. Passé l'an 1200 à peu près, il n'y a plus un seul philosophe arabe de renom. La philosophie avait toujours été persécutée au sein de l'islam, mais d'une façon qui n'avait pas réussi à la supprimer. À partir de 1200, la réaction théologique l'emporte tout à fait. La philosophie est abolie dans les pays musulmans. Les historiens et les polygraphes n'en parlent que comme d'un souvenir, et d'un mauvais souvenir. Les manuscrits philosophiques sont détruits et deviennent rares. L'astronomie n'est tolérée que pour la partie qui sert à déterminer la direction de la prière.

Ernest Renan, conférence faite à la Sorbonne le 29 mars 1883, Ed. L'Archange minotaure, Montpellier, 2003

Un début de réhabilitation

Dans l'histoire des sciences, la période arabe est aussi intéressante qu'elle est peu connue. Et cependant elle est riche, extrêmement riche en documents connus à l'heure qu'il est. […]

Ce qui caractérise cette période, c'est la profonde originalité de ses débuts. Chez les divers peuples qui ont tour à tour occupé la scène, le développement des sciences et leurs évolutions suivent à peu près identiquement les mêmes lois. Il n'en est pas de même pour les Arabes : leur initiation à la science est un fait unique dans l'histoire.

Dans la péninsule arabique, protégé par les sables et la mer, vivait sous le toit et la tente un peuple de pasteurs et de commerçants, passionné pour la liberté, la guerre et les aventures, l'éloquence et la poésie; peuple intelligent mais tout d'intuition, étranger à l'analyse. Confiant à la mémoire ses poésies, ses grands jours et ses généalogies, il ne connut que tardivement l'usage de l'écriture. Ses relations avec la Perse lui avaient procuré quelques vagues notions de médecine.

Une révolution soudaine détourna le cours de ses destinées et ouvrit de vastes champs à son activité. Les Arabes étaient idolâtres. Mahomet les convertit à la croyance en l'unité de Dieu dont il leur donna la formule la plus sublime et la plus pure. Il fit plus. D'un peuple resté jusqu'alors étranger aux révolutions extérieures, il fit une armée de prosélytes enthousiastes, qui se ruèrent à la conquête du monde. Un siècle à peine s'était écoulé depuis la mort de Mahomet, que l'Arabie avait débordé de l'Atlantique à l'Indus.

Quelles pouvaient être les conséquences de cette invasion nouvelle d'un peuple fanatisé, après toutes les invasions barbares qui s'étaient partagé les débris du monde romain et avaient refoulé les lumières de la civilisation abritées encore, mais faiblement et maladives, dans Byzance énervée? Le choc imminent du fanatisme et de la barbarie n'allait-il pas produire un cataclysme encore plus désastreux que le précédent? Pouvait-on supposer que la science grecque, tombée en déshérence, allait devenir l'héritage de ces nouveaux convertis? Le miracle allait se produire.

Ce peuple que le fanatisme fit le conquérant de la moitié du monde, prit aussitôt pour maîtres les chrétiens ses vaincus. Il mit à s'assimiler leur science un tel enthousiasme et une promptitude si merveilleuse, déployant des aptitudes qui semblaient étrangères à la race, qu'il les eut bientôt dépassés. Pendant cinq ou six siècles il tint le sceptre des lumières et de la civilisation. Troublé par les assauts deux fois séculaires d'un autre fanatisme venu d'Occident, il rendit à ses antagonistes barbares les services qu'il avait reçus des chrétiens de l'Orient; il leur transmit les sciences dont ils avaient laissé tarir la source. Pendant la seconde moitié du moyen âge, la science arabe défraya l'Occident. Quant vint la Renaissance, l'admiration fit place à l'ingratitude et au dénigrement.

Depuis deux siècles surtout on s'est remis à l'étude de l'Orient et particulièrement de la littérature arabe, de beaucoup la plus riche. Mais ces études ont porté de préférence sur l'histoire, la géographie, la poésie, les religions, et les sciences n'ont provoqué qu'un petit nombre de travaux.

Quant à des travaux d'ensemble rien encore n'a été fait, du moins en France, où nous sommes sous ce rapport d'une inglorieuse pauvreté.

L. Leclerc,
Histoire de la médecine arabe,
Paris, 1876

La modernité de la science arabe

Les exemples exposés ici, empruntés à l'algèbre et à la physique, manifestent quelle fut l'impulsion donnée par la société islamique à la pensée exacte. Il est clair que, dans le premier exemple, il ne s'agit pas d'ajouter à un héritage hellénistique et hindou quelques nouveaux résultats, mais de créer une discipline auparavant inconnue et qui, ensuite, a su tirer parti de cet héritage. Plus importantes encore sont les ramifications de cette nouvelle discipline, la multiplicité des traditions qu'elle engendre et les enchevêtrements qui se mêlent en de nouveaux chapitres. Les deux grandes traditions algébriques, nous l'avons vu en effet, permettaient de constituer en chapitres le calcul numérique, l'analyse diophantienne rationnelle, l'analyse diophantienne entière, l'analyse combinatoire. Mais, d'autre part, cette production scientifique elle-même n'est pas en marge de la vie active; il suffit de rappeler deux exemples : l'analyse combinatoire est en usage non seulement chez les algébristes, mais également chez les linguistes depuis Al-Khalîl b. Ahmed, qui l'exploitent dans leurs travaux de lexicographie. Quant à l'algèbre arithmétique, les juristes eux-mêmes l'emploient sous le nom de *Hisâb al farâ'id*, c'est-à-dire dans ses applications aux problèmes juridiques d'héritages, de testaments, etc., selon la loi coranique.

Mais on a vu, par ailleurs, que cette même algèbre fournissait des thèmes pour la pensée abstraite du philosophe.

Par ses applications, par les thèmes de réflexion qu'elle suscitait, cette nouvelle discipline représentait donc bien une activité intrinsèque de la société de l'époque. Aussi, n'est-il pas rare de voir figurer dans les programmes des écoles juridico-théologiques comme An-Nizâmiyya, de Bagdad, un enseignement de l'algèbre, de l'algèbre arithmétique tout au moins. D'autres branches de cette nouvelle science avaient aussi leurs spécialistes dans les observatoires.

On manque donc une dimension essentielle de l'héritage de la société islamique si l'on considère simplement la théologie, la philosophie, les sciences du langage, en négligeant, comme c'est souvent le cas, la dimension scientifique.

L'exemple de l'expérimentation montre plus encore : cette société n'a pas seulement contribué à l'élaboration des différentes branches de la connaissance; elle a également pris part à l'établissement des normes mêmes de cette connaissance, et particulièrement de celles qui caractérisent la modernité classique.

On voit donc que, pour connaître l'histoire objective de la science, il faut au préalable se débarrasser des schémas usés, hérités du XIXe siècle, telle la notion d'une renaissance scientifique aux XVIe-XVIIe siècles, sans autre précédent que la seule science hellénistique. Il convient, autrement dit, de comprendre quelle fut la contribution à la science de cette société dont l'acte annonciateur remonte à l'hégire.

R. Rashed,
in *L'Islam, la Philosophie et les Sciences*,
UNESCO, 1981, réimp. 1986

Les traditions oubliées

Le corpus scientifique arabe (c'est-à-dire écrit en arabe par des auteurs de différentes origines ou confessions) a commencé à s'élaborer à partir du dernier tiers du VIIIe siècle et l'on sait que la langue arabe n'a pas tardé à devenir, et pour plusieurs siècles, le vecteur presque exclusif de la science et de la culture dans l'empire musulman. Or, il est bien connu aussi qu'au début du VIIe siècle, c'est-à-dire à l'époque des premières prédications du prophète Muhammad, cette langue n'avait pas de tradition écrite et que, même dans le domaine littéraire, c'est l'oralité qui régnait. Mais on sait maintenant qu'il y avait, dans les domaines du mesurage, des répartitions de biens, du calcul des impôts, tout un ensemble de connaissances et de savoir-faire, que les praticiens du moment ne rattachaient à aucune tradition écrite, et qui fournissaient des réponses aux problèmes qui se posaient à eux. D'ailleurs, aujourd'hui encore, il est difficile de dire à chaque fois, avec précision, quelle est la source de telle ou telle procédure, recette ou explication. Il y a bien sûr les pratiques qui n'ont pas eu besoin, pour circuler, d'institutions classiques de diffusion du savoir, dans la mesure où ce sont les activités économiques et sociales locales qui, à chaque fois, ont fourni des réponses à des problèmes concrets. Mais l'étude comparative d'un certain nombre de textes montre qu'une partie de ce savoir provient, selon des voies encore inconnues, des prestigieuses traditions scientifiques de la région, et plus particulièrement celles de la Mésopotamie et de l'Égypte. Les traducteurs et les bibliographes des premiers siècles de l'Islam ne signalent aucun écrit mathématique provenant de ces deux traditions. Mais rien ne dit que certaines parties de ce corpus n'ont pas continué à circuler en dehors des institutions du savoir.

Ahmed Djebbar,
sous la direction de L. Moulinier,
L. Sallmann, C. Verna, N. Weill-Parot,
La Juste Mesure, Quantifier, évaluer, mesurer entre Orient et Occident (VIIIe s.-XVIIIe s.), Saint-Denis, PUV, 2005

BIBLIOGRAPHIE

Ouvrages généraux et études

– *À l'ombre d'Avicenne, La Médecine au temps des califes*, IMA, Paris, 1996.
– Abgrall, Ph., *Le Développement de la géométrie aux IXe-XIe siècles, ʿAbû Sahl al-Qûhî*, Albert Blanchard, Paris, 2004.
– *L'Âge d'or des sciences arabes*, sous la direction de A. Djebbar, IMA/Actes Sud, Paris, 2005.
– *Les Andalousies de Damas à Cordoue*, IMA-Hazan, Paris, 2000.
– Beaujouan, G., *Science médiévale d'Espagne et d'alentour*, Variorum, Aldershot, 1992.
– Benmakhlouf, A., *Averroès*, Les Belles Lettres, Paris, 2000.
– Caiozzo, A., *Images du ciel d'Orient au Moyen Âge*, Presses Universitaires de Paris-Sorbonne, Paris, 2003.
– *Cartography in the Traditional Islamic and South Asian Societies*, éd. par J.B. Harley et D. Woodward, The University of Chicago Press, Chicago-Londres, 1992.
– *La Civiltà islamica*, éd. par R. Rashed, R. Morelon et U. Weisser, in *Storia della scienza*, éd. par S. Petruccioli, Istituto della Enciclopedia Italiana, vol. III, Rome, 2002.
– Djebbar, A., *Une histoire de la science arabe, Entretiens avec Jean Rosmorduc*, Seuil, Paris, 2001.
– *El legado cientifico Andalusí*, éd. par J. Vernet et J. Samsó, Museo Arqueológico Nacional, Madrid, 1992.
– *Encyclopaedia of the History of Science, Technology, and Medicine in Non-Western Cultures*, éd. par H. Selin, Kluwer Academic Publishers, Dordrecht-Boston-Londres, 1997.
– *La Formation du vocabulaire scientifique et intellectuel dans le monde arabe*, éd. par D. Jacquart, Brepols, Turnhout, 1994.
– Gutas, D., *Pensée grecque, culture arabe*, Aubier, Paris, 2005.
– Hassan, A.Y., et Hill, D.R., *Science et Technique en Islam, Une histoire illustrée*, UNESCO/EDIFRA, Paris, 1991.
– *Histoire des sciences arabes*, dir. par R. Rashed, Seuil, Paris, 1997.
– Jacquart D. et Micheau F., *La Médecine arabe et l'Occident médiéval*, Maisonneuve-et-Larose, Paris, 1996 (2e éd.).
– King, D.A., *In Synchrony with the Heavens, Studies in Astronomical Timekeeping and Instrumentation in Medieval Islamic Civilization*, vol. 1 *The call of the Muezzin*, Brill, Leyde-Boston, 2004.
– Makariou, S., *L'Apparence des cieux : astronomie et astrologie en terre d'Islam*, Réunion des Musées nationaux, Paris, 1998.
– Mazliak, P., *Avicenne et Averroès : médecine et biologie dans la civilisation de l'Islam*, Vuibert, Paris, 2004.
– Moulaye S. O. A., *L'Apport scientifique arabe à travers les grandes figures de l'époque classique*, UNESCO, Paris, 2004.
– *Nasîr al-Dîn Tûsî, philosophe et savant du XIIIe siècle*, éd. par N. Pourjavady et Z. Vesel, Presses Universitaires d'Iran-Institut français de recherche en Iran, Téhéran, 2000.
– Nasr, S.H., *Sciences et savoir en Islam*, Sindbad, Paris, 1980.
– *Occident et Proche-Orient : Contacts scientifiques au temps des Croisades*, éd. par I. Draelants, A. Tihon et B. van den Abeele, Brepols, Turnhout, 2001.
– *Samarcande 1400-1500, La cité-oasis de Tamerlan : cœur d'un Empire et d'une Renaissance*, dir. par V. Fourniau, Éditions Autrement, Paris, 1995.
– Samsó, J., *Las Ciencias de los antiguos en al-Andalus*, MAPFRE, Madrid, 1992.
– *Sciences occultes et Islam*, éd. par A. Regourd et P. Lory, *in* Institut français de Damas, *Bulletin d'études orientales*, 1993.
– Sebti, M., *Avicenne, L'âme humaine*, PUF, Paris, 2000.
– Sezgin, F., *Science et technique en Islam*, Institut für Geschichte der Arabisch-Islamischen Wissenschaften, Francfort-sur-le-Main, 2004.
– *Tolède, XVIIe-XIIIe siècles, Musulmans, chrétiens et juifs : le savoir et la tolérance*, Éditions Autrement, Paris, 1991.
– Ullmann, M., *La Médecine islamique*, PUF, Paris, 1995.
– Urvoy, D., *Averroès : les ambitions d'un intellectuel musulman*, Flammarion, Paris, 1998.
– Vernet, J., *Ce que la culture doit aux Arabes d'Espagne*, Sindbad, Paris, 1985.
– Youschkewitch, A. P.., *Les Mathématiques arabes (VIIIe-XVe siècles)*, Vrin, Paris, 1976.

Quelques traductions en français de textes scientifiques arabes

– Avicenne, *Le Livre de science*, Les Belles Lettres-UNESCO, Paris, 1986 (nouv. éd.).
– Avicenne, *Poème de la médecine*, par H. Jahier et A. Noureddine, Les Belles Lettres, Paris, 1956.
– Al-Bîrûnî, *Kitâb Maqâlîd ʿilm al-hay'a, La trigonométrie sphérique chez les Arabes de l'Est à la fin du Xe siècle*, par M. T. Debarnot, Institut français de Damas, Damas, 1985.
– Jâbir ibn Hayyân, *Dix traités d'alchimie, Les dix*

premiers traités du Livre des soixante-dix, par P. Lory, Actes Sud-Sindbad, Arles, 1996 (2e éd.).
– Ibn al-Baytar, *Traité des simples*, par L. Leclerc [Paris, 1877-1883], réimp. IMA, Paris, 1987.
– Ibn Mâsawayh, *Le Livre des axiomes médicaux*, par D. Jacquart et G. Troupeau, Droz, Genève, 1980.
– Al-Idrîsî, *La Première Géographie de l'Occident*, par H. Bresc et A. Nef, GF Flammarion, Paris, 1999.
– Al-Kindî, *Œuvres philosophiques et scientifiques*, dir. par R. Rashed, Brill, Leyde, 1997-1998.
– Muhammad ibn Mûsâ al-Khwârizmî, *Le Calcul indien* [trad. d'après les versions latines], par A. Allard, Albert Blanchard, Paris, 1992.
– Rashed, R., *Les Mathématiques infinitésimales du IXe au XIe siècle*, Al-Furqân Islamic Foundation, Londres, 1993-2000.
– Rashed, R., *Géométrie et dioptrique au Xe siècle, Ibn Sahl, al-Qûhî et Ibn al-Haytham*, Les Belles Lettres, Paris, 1993.
– Rashed, R. et Vahabzadeh, B., *Al-Khayyâm mathématicien*, Albert Blanchard, Paris, 1999.
– Al-Râzî, *Guide du médecin nomade,* par El-Arbi Moubachir, Actes Sud-Sindbad, Arles, 1996 (2e éd.).
– Al-Râzî, *La Médecine spirituelle*, par R. Brague, GF Flammarion, Paris, 2003.
– *Le* Taqwîm al-Sihha (Tacuini Sanitatis) *d'Ibn Butlân, un traité médical du XIe siècle*, par H. Elkhadem, Peeters, Louvain, 1990.
– Thâbit ibn Qurra, *Œuvres d'astronomie*, par R. Morelon, Les Belles Lettres, Paris, 1987.

De l'histoire au roman

– Calvo, M., *Azarquiel, el Astrónomo de Toledo*, Antonio Pareja Editor, Tolède, 2002.
– Le Porrier, H., *Le Médecin de Cordoue,* Seuil, Paris, 1974.
– Sinouhé, G., *Avicenne ou La route d'Ispahan*, Denoël, Paris, 1989.

TABLE DES ILLUSTRATIONS

COUVERTURE

OUVERTURE

CHAPITRE 1

28 Reconstitution de l'Observatoire de Samarkand, peinture. Musée de Samarkand.
29h Ulugh Beg, miniature d'un manuscrit persan, début XVIIe siècle. Musée ethnographique, Ankara.
29b Le Jantar Mantar, observatoire de Jaipur (Inde).
30-31 Al-Sûfî, *Livre des constellations*, copié pour Ulugh Beg, Samarkand, 1430-1440. BnF, Paris.

CHAPITRE 2

32 Neuf savants de l'Antiquité, frontispice du *Kitâb al-Tiryâq* (Traité des antidotes) de Galien traduit par an-Nahwî, Mossoul (?), début XIIIe siècle. Österreichische Nationalbibliothek, Vienne.
33 Encrier, Iran, fin XIIe-XIIIe siècle. Musée du Louvre, Paris.
34 Tableaux en syriaque se rapportant à Porphyre et à Aristote, copie datée de 1637. BnF, Paris.
35 Alexandrie, mosaïque byzantine, 550. Musée archéologique de Jerash (Jordanie).
36 *Sept Traités de Galien* traduits par Hunain ibn Ishâq, XIe siècle. BnF, Paris.
37h La bibliothèque de Bassora, in *Maqâmât* d'al-Harîri, Irak, XIIIe siècle. Bnf, Paris.
37b Anatomie de l'œil in *Dix Questions sur l'œil* d'Hunain ibn Ishâq, XIIIe siècle. Bibl. nat. du Caire.
38 Représentation du cosmos dans un manuscrit turc, XVIe siècle. Musée des Arts turcs et islamiques, Istanbul.
39 Miniature du *Kitâb al-Hayawân* (Livre des animaux) d'al-Jâhiz, XIVe-XVe siècle.
40 Portrait de Ptolémée, peinture de Girolamo Mocetto, 1531. Musée Jacquemart-André, Paris.
42 Portrait d'Euclide par Juste de Gand et Pedro Berruguete, XVe siècle. Palazzo Ducale, Urbino.
43 La *Géométrie* d'Euclide traduite par al-Tûsî, manuscrit persan, XVe siècle. Millet Library, Istanbul.
44 Planche anatomique du *Canon* d'Avicenne, manuscrit persan, 1632. Wellcome Library, Londres.
45h Portrait d'Hippocrate, manuscrit turc, XVIIe siècle. Bibl. de Topkapi, Istanbul.
45b Aristote, Galien, Platon et al-Hakîm in *La Guérison des corps dans le traitement de l'homme d'*ibn-Jazla, manuscrit syriaque, XVe siècle. University Library, Glasgow.
47 Cour de la Grande Mosquée des Omeyyades de Damas.

CHAPITRE 3

48 Astronomes au travail dans l'observatoire d'Istanbul, miniature du *Shahanshahname* (Livre du Roi des Rois), manuscrit turc, XVIe siècle. Bibl. de l'Université, Istanbul.
49 Compas en acier, époque séfévide. Musée Islamique, Le Caire.
50 La pesée des marchandises, époque fatimide. Musée Islamique, Le Caire.
51 Table servant à fixer les heures de prière dans l'ouvrage sur l'astrolabe d'al-Farghânî. Deutsche Staatsbibliothek, Berlin.
52 Cadran solaire de Nûr al-Dîn, Syrie, 1159. BnF, Paris.
53b Traité de gnomonique d'al-Raqqam, manuscrit arabe. Biblioteca del Escorial, Madrid.
54 Fès, décor de la madrasa Bou Inania.
55h Bagdad, coupole de la tombe de Zubeyda.
55b Bagdad, décor d'une porte de la madrasa Moustansariyé.
56 Table des directions de la qibla composée par al-Khalîlî, manuscrit arabe, Damas, XIVe siècle. BnF, Paris.
57h Calculs des éclipses lunaires et solaires in *Merveilles de la création* d'al-Qazwîni, manuscrit, XIVe siècle.
57b Sphère céleste construite par al-Asturlâbî, Bagdad (?), 1145. Musée du Louvre, Paris.
58 Traité sur la construction de l'astrolabe d'al-Bîrûnî, manuscrit arabe, XIVe siècle. British Library, Londres.
59 Astrolabe construit par ibn-Khalaf al- Iraqî, Irak, Xe siècle. BnF, Paris.
60 *Le Livre des rayonnements de miroirs embrasés* d'al-Kindî, Bagdad, vers 854. Tareq Rajeb Museum, Koweït.
61 L'arc-en-ciel in *Merveilles de la création* d'al-Qazwîni.

CHAPITRE 4

62 Pompe à eau avec traction animale in *Livre de la connaissance des procédés ingénieux* d'al-Jazarî. Museum of Fine Arts, Boston.
63 Médecin pratiquant une saignée, coupe en faïence, Iran, début XIIIe siècle. Museum für Islamische Kunst, Berlin.
65 Noria de Hama (Syrie).
66 Extraction de l'essence de rose in *Le Dévoilement des secrets*, manuscrit arabe, XIVe siècle. Bibl. Suleymaniyye, Istanbul.
67 Automate versant de l'eau dans une fontaine in *Livre de la connaissance des procédés ingénieux* d'al-Jazarî, manuscrit seldjoukide, XIIIe siècle. Bibl. de Topkapi, Istanbul.
68 Jâbir ibn Hayyân. Biblioteca Medicea Laurenziana, Florence.
69h Un alambic, traité d'alchimie, manuscrit, XVIIIe siècle. British Library, Londres.
69b Cucurbite en verre, X[e]-XIIe siècle. Science Museum, London.
70 Pages enluminées du *Canon* d'Avicenne, Ispahan, manuscrit, XVIIe siècle. Wellcome Library, London.
71 Médecin prenant le pouls d'un malade in *Livre de Kalila et Dimna* de Bidpai, manuscrit, XIVe siècle. Bibl. nat., Le Caire.
72g Traitement de la migraine par cautérisation in *Chirurgie des Ilkhani* de Sharaf al-Dîn, manuscrit, Turquie, 1466. BnF, Paris.
72d Extraction d'un kyste, *idem.*
73g Traitement de la luxation de l'épaule, *idem.*
73d Traitement d'une pyorrhée dentaire, *idem.*
74h Grand albarelle à décor épigraphique, Syrie, fin XIVe siècle. Musée national de la Céramique, Sèvres.
74-75 Miniature du *Traité des antidotes* de Galien, manuscrit, Mésopotamie, XIIIe siècle. Österreichische Nationalbibliothek, Vienne.
76 Hippocampe in *De Materia Medica* de Dioscoride, Haute-Mésopotamie, XIIe siècle. BnF, Paris.
77 L'anis et le carvi, *idem.*

CHAPITRE 5

TÉMOIGNAGES ET DOCUMENTS

INDEX

A

B

CRÉDITS PHOTOGRAPHIQUES

AKG-Images/E. Lessing 35. Archives Gallimard Jeunesse 81, 91h. Biblioteca del Escorial, Madrid, D.R. 53b, 83, 115. Bridgeman 1er plat, 85. Bridgeman /Jean-Loup Charmet 74-75. British Library 58. Bibliothèque nationale de France, Paris 4, 30h, 30b, 31, 34, 36, 37h, 56, 59, 72g, 72d, 73g, 73d, 76, 77, 80, 84, 97. Bibliothèque nationale et universitaire, Strasbourg 16-17. Bibliothèque Sbihi, Salé 7. Collection al-Sabah, Dar al-Athar al-Islamiyyah, Koweït 2, 5. Collection Roger-Viollet 14. Corbis/Burstein Collection 62. Dagli-Orti Gianni dos de couverture 50, 67, 86, 89, 90, 99. Degeorge, Gérard 19, 22, 27h, 29b, 54, 55h, 55b, 65, 107. Droits réservés 95. Edinburgh University Library 21. Glasgow University Library 45b. IMA 9. IMA/Ph. Maillard 94. Leemage 39. Leemage /Fototeca 18. Leemage/Ann Ronan Picture Library/Heritage Image 68. Leyden University Library 3, 96. Museo Arqueologico, Cordoue 6. Museo de la Alhambra, Grenade, D.R. 27b. Oroñoz 25. Österreichische Nationalbibliothek/ANL, Picture Archives, Vienne 32. Percheron, René D.R. 12. Photo Josse 40. Photononstop/G. Simeone 88. Rapho/R. et S. Michaud 1, 10, 17, 20, 28, 29h, 37b, 38, 43, 45h, 48, 49, 52, 57h, 61, 66, 69h, 71, 79, 101, 112. RMN/BPK, Berlin/G.Niedermeiser 63. RMN/BPK, Berlin/R. Schacht 2e plat de couverture, 51. RMN/B. Beck-Coppola 74h, 93. RMN/H. Lewandowski 33, 57b. RMN/Th. Ollivier 11. Scala 26, 42, 87. Science & Society Picture Library, Londres 69b. Soutif, Jean, Courbevoie 15. Photothèque Anne et Henri Stierlin, Genève 47, 105. Tareq Rajeb Museum, Koweït 60. The Art Archive/British Library 23. The Art Archive/The Bodleian Library 82. Wellcome Library, Londres 44, 70, 78, 92.

REMERCIEMENTS

L'auteur exprime sa reconnaissance à Brahim Alaoui, Jean Audouze, Éric Delpont, Patrick Gautier-Dalché, et rend hommage aux amis et collègues dont les travaux sur la science arabe ont nourri ce livre.
L'éditeur remercie chaleureusement Éric Delpont ainsi que Jean Audouze.

ÉDITION ET FABRICATION

DÉCOUVERTES GALLIMARD
COLLECTION CONÇUE PAR Pierre Marchand.
DIRECTION Elisabeth de Farcy.
COORDINATION ÉDITORIALE Anne Lemaire. GRAPHISME Alain Gouessant.
COORDINATION ICONOGRAPHIQUE Isabelle de Latour.
SUIVI DE PRODUCTION Fabienne Brifault.
SUIVI DE PARTENARIAT Madeleine Giai-Levra.
RESPONSABLE COMMUNICATION ET PRESSE Valérie Tolstoï.
PRESSE David Ducreux et Alain Deroudilhe.

L'ÉPOPÉE DE LA SCIENCE ARABE
ÉDITION Anne Lemaire. ICONOGRAPHIE Anne Mensior.
MAQUETTE Virginie Lafon. LECTURE-CORRECTION Pierre Granet et Jocelyne Marziou.
Photogravure GCS.

Danielle Jacquart est directeur d'études à l'École pratique des hautes études, où elle enseigne l'histoire des sciences au Moyen Âge. Latiniste et arabisante, elle s'attache à replacer les savoirs scientifiques dans le cadre culturel qui les a accueillis, qu'il s'agisse de l'Europe chrétienne ou du monde musulman, sans négliger pour autant la dynamique propre de ces savoirs, qui les distingue d'autres types de connaissances.
Elle collabore régulièrement à des ouvrages de synthèse destinés à des non-initiés, ainsi qu'à l'organisation scientifique d'expositions à l'Institut du monde arabe, dont *L'Âge d'or des sciences arabes*, 2005-2006. Ses nombreuses publications portent en majorité sur l'histoire de la médecine. On citera *La Médecine médiévale dans le cadre parisien*, Paris, Fayard, 1998, *La Médecine arabe et l'Occident médiéval*, Paris, Maisonneuve-et-Larose, 2e éd., 1996 (avec Françoise Micheau).
Elle a aussi assuré la coordination d'une série d'études sur *La Formation du vocabulaire scientifique et intellectuel dans le monde arabe*, Turnhout, Brepols, 1994.

Cet ouvrage a été réalisé avec le concours de l'Institut du monde arabe (IMA), à l'occasion de l'exposition « L'âge d'or des sciences arabes » présentée à l'IMA du 25 octobre 2005 au 19 mars 2006.

1er dépôt légal : novembre 2005
Dépôt légal : avril 2006
Numéro d'édition : 143847
ISBN : 2-07031827-3
Imprimé en France par IME